拾余四种

[清]刘沅 著

四川文艺出版社

图书在版编目(CIP)数据

拾余四种 / (清) 刘沅著. -- 成都 : 四川文艺出版社, 2025. 8. -- ISBN 978-7-5411-6849-9

Ⅰ. B823.1

中国国家版本馆CIP数据核字第20254GA899号

SHIYU SIZHONG

拾余四种

［清］刘沅 著

出品人	冯　静		
责任编辑	张亮亮		
封面设计	叶　茂		
内文设计	史小燕		
责任校对	段　敏		
责任印制	崔　娜		
出版发行	四川文艺出版社（成都市锦江区三色路 238 号）		
网　　址	www.scwys.com		
电　　话	028-86361802（发行部）　028-86361781（编辑部）		
排　　版	四川最近文化传播有限公司		
印　　刷	成都东江印务有限公司		
成品尺寸	130mm × 185mm	开　　本	32 开
印　　张	6.25	字　　数	80 千
版　　次	2025 年 8 月第一版	印　　次	2025 年 8 月第一次印刷
书　　号	ISBN 978-7-5411-6849-9		
定　　价	49.80 元		

目　录

拾余四种

自叙

先儒有云：大道不在多言，顾力行何如耳。力行之道，四子五经言之已详，故愚作《恒解》，第就白文细绎。诚得其要，则圣人之事，皆人人可能之事矣。孔子云：述而不作。诚有无待于作者。方今圣圣相承，百度维昭，颁示诸书，咸臻美备。士子敬谨遵行，更无遗义。然则圣籍之外，均为鳞爪，况复妄为著作。愚本鲜躬行，又多鄙暗，因儿辈幼冲，门人或相问难，随意应之，积久不觉成帙，渠等虑其煨烬，私付开雕，适足以重愚罪耳。然而家塾私言，便于览记，亦尚可以姑存。颜曰《拾余》，盖拾前人之唾余，且明其为圣贤之余义，想亦大雅君子所不禁也。

时道光乙巳春正月　止唐书　时年七十有八

恒言

自叙

圣人之言，非得已也。天理全在于人而人弗体备，遂贼性而远于天。圣人亦人耳，而独能全天理，故为人伦之极。其德既配乎天，其心即如乎天，惟恐人之陷溺其性，而即其所得以示人。在上则为训诰典谟，在下则为六经四子。君相师儒无二道，故无二说也。愚于四子五经，详晰注之，名曰《恒解》，以其理为人人所有之理，其事为人人所能之事，则言亦人人所知之言耳。而门人犹或苦其文繁，时相质问，积为是编，愚何能外圣言而别有发明哉？亦名之曰《恒言》而已。然家庭授受，一家之私言，非敢问世也。识者谅之。

道光八年长至　双江刘沅自序

人道类

人为三才之主，圣人只是全人道即可配天，故特以人道弁首。

人者，天地之心也。非心何以为人？非人何以为天地？故曰：人为贵。

人为万物之灵，灵于其心，实灵于其性。性即天理，无不善也。有不善者，心之为情之杂也。

先天之心即性，后天之心杂情。嗜好生而性牿，非心之元也。未生曰先天，既生曰后天。

万理函于性，万事根于心。情者，心之用，得其正则性，否则贼，故君子正心。

圣人之心至虚至明而已，明故物来毕照，虚故舍己从人，而其原则由于存养之熟。

乾为天，性也。坤为地，命也。先天秉性命之正，泰易为否，而性命分、七情扰，故复礼者先克己。私欲自阴质而含，故曰己，养先天之性，至于欲净理纯，而后己可化也。

程子曰：天道无心而成化，圣人有心而无为。善夫。理纯而从心不逾矩，有为皆无为也。

人有恒言曰天理良心，善夫。天之理即心之良，心之良始为天之理也。

纵心而求合于理，不亦难乎？故敬慎为圣学之本。敬兼动静，而静尤动之本也。静以清其源，动以察其几，斯为敬慎。《中庸》言慎独而曰指视、屋漏，非畏天命乎？天人同此理，故即同此气。不畏天命而能敬者，无之。不睹不闻之地，天命存焉。君子之敬天，谨于其微而已，非媚祷之说也。

一理也，而天地人莫不由之，故曰道。道不远人，慎独而致中和，人一天也。

道莫大于五伦，持五伦者，三纲也。正其纲者修其身，身修而天下可化，其原则归于明师。

师不列于三纲，三纲非师不正。道之不明，无圣师也。圣必有师，君亲而兼师道者，圣人也。三纲坠而孔孟兴，所以补君亲之缺。

责臣子以忠孝而君父不正其纲，可乎？唐虞三代之隆，三纲正而已。

三纲不容有二，故臣无二君，子无二父，妻无二夫，违之者悖。

弟兄宗族之子出继者，其父母降为伯叔，承祖之重，子无二父也。

夫妇，人伦之本。父子、君臣、长幼所由推。《易》曰：夫夫妇妇而家道正，正家而天下定矣。知天地之所以定，而夫妇可弗重乎？

未有无贤妻而能正其家、未有无贤母而能生贤子者也，闺门衽席之地而天命行焉。动静语默，一息不违乎正而后身修，修身而后夫纲立。

生而贞淑者，仅矣。无父母贤夫以导之，家道所以睽，而纪纲所以紊。《关雎》作自宫人，而后世以为化始自太王至文王，其涵濡岂朝夕乎？

地道无成而有终。人知其无成也，不知其有终也。所以正其家者，何惑乎无本焉？

夫道若大路，然而不能践者，弗知自责焉耳。孔子曰：知为人子，然后可以为人父；知为人臣，然后可以为人君；知事人，然后能使人。位三纲者，盍思焉？

天生物以养人而不能使之自养，予人以善性而不能使之自善，故立之君长。君亦不能一人理也，则必任贤臣。君臣有圣德，而礼乐制度精焉，人伦明焉，贤父师众焉，天下之不由乎道者，鲜矣。

君、父一也，爱敬深焉，能无谕于道乎？禹之告舜也丹朱，舜之事瞍也怨慕，惟恐君父之不配天而已。恶臣子之违己者，惑焉。

圣人之仁民也，切矣，而不遇则惟独善。然其忠君爱国，未尝一日忘也。人君其可不知乎？

为臣而致天下咸戴君之仁，为子而致天下皆知父之德，至矣哉。容悦者，罪人也。

法久而必敝，随时补救，非圣人而能之乎？培育贤才，所以储长治久安之器也。

不知变通，变通弗善，谓为不可变，不知其无圣贤也。哀哉。殷因于夏礼，周因于殷礼，所损益可知，损益岂能外礼乎？时中而已矣。

叔孙通固非制礼之才，而两生亦迂儒耳，礼乐不可斯须去而待百年乎。汉初，先王犹有遗法，修明而善导之，何至遂湮也。

天爱民而立之君，辅世长民莫如德。圣学废而功烈卑，天亦无如何矣。侈受命之祥，陋也哉。

唐虞以前，邈矣。三代之兴，皆由圣德。误解汤武征诛，而使后世藉口，儒者不得不任其咎。

礼乐者，人心之良也。致中和，则循之而安且乐焉，其次亦可以寡过。

人心有自然之爱，而圣人导以礼乐，心失其正则奢淫生焉。非礼乐之难，所以正其心而修其身者，难也。道在伦常，伦常本于心性。心性之功不纯，伦常之理不精，故明德为修齐治平之本。

一理也，在天为命，在人为性。如木果生意曰仁，全备曰德，人所共由曰道，纯一曰诚。

道始于君师，正其身以正天下，而仁义洽、教化行，故穷达同功。

唐虞三代皆圣人也，而随时立法，各协乎中。后世之变多矣。然人性同则所以尽性，而适于中正者无弗同。泥古而不达于道，以致礼乐不兴，民风不淳，责岂在于常流哉?

道非师不传，五伦非道不立。汉祖唐宗，生质美矣，而无圣师辅之，是以伦纪乖而治术卑。人主可不急于求贤欤?

五臣、十乱皆圣贤而后成其至治，君岂必皆圣，任贤不惑亦可也矣。

良、平智士，魏、褚直者，皆非有孔孟之学也，故其辅治亦仅大贤。不枉道，三代下惟孔明而已。孔孟悲天悯人，终身不遇，岂呜高哉？

孔子表逸民而自处于无可无不可，用舍行藏，以道为归而已。无圣人之学而不苟，禄亦岂可少哉？

渊明、子陵，后世贤者也。然靖节以节，子陵以清，与孔孟之卷怀有别。圣人曷尝须臾忘天下哉？道屈则身不得不晦焉耳。

后世六德六行之法不修，所以育才者无其本，而选举非滥即苛。岂知圣贤无心于爵禄，而有志于君民，忠主庇民，非道不可。此孔子所以叹吾衰，孟子所以何不豫也。

圣人纳天下于中和，而天理良心人人皆有，则贤才众。闺门里巷之道，通于宫廷，外正心修身而言贤能，曷以臻于荡平哉？

明明德，致中和而已。明与致奚事？孔子十五志学，七十而后从心不逾，孟子言有诸已至于圣神，功岂朝夕哉？非师儒，其孰从而启之？

周制，比闾、族党皆有师。由庠序以渐登于学，咸以三物宾兴之。后世难其法，不知其特，师道不立耳。

大学之礼诏于天子无北面，岂故屈已欤？天理人情之则，万事万理之微，惟圣者备之。尊贤则不惑，未尝以身修而废斯义也。

人性无不善，君、亲、师咸尽其道，而惑于习者寡矣。

古大学之教，天子之元子，诸侯之适，国之俊选，皆同其学，所以人情物理无贵贱，咸知而不能从政者，鲜矣。

君、父，天也。人无或非天者，而天实无可非也。且匪直无可非也，其生成养育至仁至多术，君父能不反身修德以为倡欤？

率土皆臣，则忠君爱国之忱，不必在朝而始然。孔孟不枉道者，何哉？爱君者，必以正，己不正而何以事君？膰肉不至，不脱冕而遂行，非恝然于君也。

今人亦知君恩至重，而不以仁义事君。孟子曰：不敬莫大乎是者也。

孔孟于今，岂不由科举乎？不遇则亦已耳，必多方以求售者奚为？

伊尹、孔明，其初皆无心禄仕，及感三聘之勤，则以死继之。是故不枉道者，非徒爱其身，实欲与君成其治也。苟于进者难于退，甘于禄者私其身，朝廷曷贵焉？

求忠臣必于孝子之门，为其天良不昧而已。不忍为不仁，不敢为不义，而忠孝有不至者乎？后世忠义之士多矣，而其进身之始，不无可议，君子节取之而已。

汉唐宋明之党祸，君子伤之，然苟知明哲保身之义，亦何以至此？

事君则致其身，虽父母不遑顾矣，况其他乎？安得不难进而易退？

爵赏，励世之大权也。小德役大德，小贤役大贤，是以贵贵。小人富贵，君子贫贱，则其世可知矣。

明季六君子，其亦贤乎？惜其未慎之于始矣。死而无益于君，非忠而过者欤？

圣人之潜见，上也，其次远势利，其次尽职守，又其次则肉食而已。

人主知道德不可以强致，而忠贤必不私其身家，则任官位事，非贤奚属？君求治，民望治，而官吏便之。上下不交，否之所以成也。

圣人虽往，而其言行俱存，学之不已，德奚弗纯？以圣人为不可及而日趋下流，治术所以日敝。修之于身而措诸天下无不宜，仁义而已矣。

一念勿欺，毫末必慎。驯至于理纯天定，则独善兼善一以贯之。

家之难齐甚于国，而修身者犹必慎其好恶。好而知其恶，恶而知其美，至明也，而后施诸斯世无不宜。

好恶起于一念，而推诸刑赏，至明至公，非仁者能之乎？未有仁熟而义不精，亦未有义精而仁不熟者也。

道岂远乎？事岂多乎？静全其天理，动协乎天则而已。慎动所以谨几也，而非有以养其源，则不能静者，亦不能动也。安得人人而正其心乎？嗜欲诱之，习俗惑之，非志士奚能自立？

诚者，岂自成己而已乎？所以成物也。物不必皆成，而成之之念无稍息。圣人之心，所以如覆载也。

人伦日用，道之所以行，而其事不一。神而明之，变而通之，不违乎中，无时之今古，地之夷夏也。知之者，谁哉？

君亲，天也，以事天者事之。孝亲者，必笃于兄弟，爱君者，不私其妻子。夫妇以德为谐，朋友以义为交，其要则一诚而已。

五伦固无难正，而不然者，弗诚弗正耳。故学始于诚意正心。

人同此性，性同此善，而有恶者，习俗诱之，嗜欲惑之也。以情为性，以圣为天授，自君师误之，乱是以生而道是以裂。五伦之遇多不齐，以诚、以敬、以让，而变可弭。非纯乎天理，奚由久而弗渝哉？

心性类

道赅万事，事悉由心而发。心性之理不明，伦理无由而正，故次人道。

万事万理具于心，而心有人心道心。道心天理，人心私欲。自天而之人，七情贼性；自人而之天，节情复性。以心为性者，惑焉。

性本无为，以心为用，非心亦何以见性？然必寂然不动，感而遂通，始为心之正而性之著。一心也，人心道心何以分？阴阳之气，先天后天之理不同也。

《中庸》曰：中者，天下之大本；和者，天下之达道。中和皆性也，致中和者，心微矣哉。

静而一念不起，中也；动而万理咸宜，和也；和本于中。养浩然之气，渐臻于天理浑然，则不动心而性定，性定而施之万事无不宜，故曰一以贯之。明心见性，尽其心者，知其性也。修真养性，万物皆备于我，反身而诚也。僧羽讹传，诬其本始，儒者惊事为而昧心性，亦乌乎可？

一念而人禽判焉。慎独者，必凛帝天，十目十手，相在屋漏，所由云也。近人讳言神天而求克己，是以私妄日纷，无由自戢，岂知君子必畏天命乎？

得天地之正气而后为人。未生以前，浑然粹然，性皆善也。既生以后，嗜欲生而七情扰，心不尽善也，故曰性相近。

原心与性之分，其必知天乎。天以阳施而地应之，天理无不善。气质有浊清，生而心含阴滓，故孔子名之曰己。譬诸连抱之木，中有蝤蛴，欲去其蠹，必尽戕其材。所以养浩然之气而后不动心也，孔子言克己即斯意焉，孟子始明示之耳。

乾为性，坤为命。得天地之正气者惟人。先天性命合一，孟子曰性善者也。后天性转为情，命失其正，必复性而后全仁，孔子曰性相近者也。以有觉之心为性，后世禅学则然，而儒者袭之，以为道尽于是，舛矣哉。

有觉者心，无为者性也。性即天，而后天之心，阴邪汩之。故存其心，养其性，功至密而效至神。

存有觉之心，养虚明之性。孔子曰求仁，孟子曰养气，皆是道也。第非明师不传，非恒久不得。

天地浑然，万变生焉。成形成象之昭然者，非其本也。人性浑然，而万化出焉，有能有为之纷然者，亦非其原。

受气于天，成形于地，人之性命各正者，在生初。开窍于质，生境于心，人之性情不齐者，在后起。佛曰见性，道曰还丹，吾儒复性之义而已。

万事莫不由心，而心至难驯。强制者克伐怨欲不行，守空者不得于心，勿求于气，皆非也。

万物咸有以治之，而心不能自治，非养气何以不动心？

静则浑然，动皆天则，斯为不动心矣。其理为致中和，其功则由养气。

气非后天之气也，精神亦然。元精、元气、元神，天之所以为天，函于太极者也。凡精、凡气、凡神，物之所以为物，成于气质者也。以养凡心为了性，以养凡气为了命，道所以裂。

《大学》言心不言性，《中庸》言性不言心。然正其心者，性也。致其中和者，心也。性非心不灵，心非性不诚。一之者圣，二之者凡。

虚无者，性之本体，所谓上天之载也。养性以静，静极而中致焉，其象虚无，其理则至诚也。清净者，纯一之意，以为蔑弃伦常，岂知其为静存之要乎？

民受天地之中以生，精气神所会，止其所而不迁，非虚无不能存心，非清净则心不归性。

孟子曰有诸己，性来复也。动静交养，驯至于美大圣神，非久道何以知之？

人知心之灵可以应事，而不知性乃心之宰也。不复性而能正其心者，无之。

闲有觉之心，至于虚静，亦可以应事矣。然而天命之性未复，则所谓反身而诚者，无之，非圣功之全也。

人得天之理以为性，得地之气以成质，质重气浊，性之存者，几希。养浩然之气，克己复礼，乃还先天之体。仅以治心为学，岂知原宪之非仁哉？

心可制而不可治，治之者如遏横波，制之者如金在范。成汤以礼制心，虑善以动，动惟厥时之义，非治之也。

圣人之心，无为而无不能为，性定故也。然亦由学而至。以圣为天授，不由师友，学术所以卑，而人心所以失其正。

孔子之时，礼乐犹存，故先示及门以礼，而后及于性与天道。孟子之时，礼崩乐坏，故惟教人以仁义，而特明养气之功，易地则皆然也。

孔子曰求仁，孟子曰养气，无二理也。有毫发戾于中和，仁奚葆焉？故孔子慎许之。

颜子其几于美者乎？三月不违，盖未能光辉也。天假之年，化神奚弗企焉？

气有精粗，无非理之所含，而其精者，则上天之载，无声无臭，理之粹而性之体也。文王之纯，合乎维天之穆，岂以迹象哉？故曰予怀明德，不大声以色。

太虚无物而理气充焉，万物由斯出焉。圣人之心亦然。

儒者讳言虚无，虑人废人伦也。然至理实无声臭，而万有含焉。人性亦无名象，而万理统焉。

圣人之血气心知，犹夫人也。惟全天之理，故能立人之极，寂然不动，感而遂通，天如斯，圣人亦如斯也。

理至虚无也，宰乎气而人身有物则，丽于事而伦常有范围，着于万物而形色皆天性。以虚无养其本，以礼乐善其施，中而后能和，位育之功，由此其选也，而岂外日用以求虚哉？

惟理至虚，故其用至神。忠臣孝子一念之肫诚，而天地应焉。当其未着，孰由窥其心？故曰：夫微之显，诚之不可掩如此夫。

诚者，实也。一元之理气充周于六合者，莫能载，莫能破，所谓诚也，而实声臭全无，故曰：夫微之显。

诚，实也。凡言实则滞于物，言虚则入于幻。诚即道也，道不滞于物而亦不离乎物。《易》曰：一阖一辟谓之变，往来不穷谓之通，见乃谓之象，形乃谓之器。其以此夫。

阖辟者，天地之机也。机固不测，而其所由生，则动而无动，静而无静者，浑然一太极也。以为虚则虚之至，以为实亦实之至也。

人心之变化，其亦神乎？性定而有神化不测之名，性失而为鬼域诪张之事。不尽其性，心曷由正哉？

圣人正其心以正人之心，而有礼乐法度，束之于规矩，变化其气质，而更授以致中和之功，世所以安而俗是以淳。后世礼乐微矣，幸天理民彝不可得而泯，贤君父师正其身以善化之，犹惧其不终，矧纵任之乎？

人不知所谓圣贤矣，犹知有神天。入庙而生敬，盟诅而知惧，此天良也。畏天命，礼神明，非入德之径乎？《大学》《中庸》所以言慎独而云指视、屋漏也。

一阴一阳之谓道。鬼神，阴阳之灵。而人则秉阴阳理气以生。故秉彝之良，敢欺大廷而不敢以问幽独。

惟心含阴阳之气，而因有理欲之途。克己复礼，返乎先天，理纯乎阳气之效，灵者皆得其正，则心也而性，人也而天，阴阳合德而刚柔有体矣。

汉儒多笃行，虽未尽符圣人，而去古未远，实修犹有存焉。魏晋以降，浮靡甚而圣学亡。宋人振之，惜濂溪之学由僧海崖，以空空之心为性，而不知尽性立命之实，故治心而不能复性。学者骛于外，无以养其中，孔子志学而至从心不逾，孟子有诸己而至神化，其功夫次第，知之者罕矣。

元亨利贞，文王示人以占，而孔子译之以四德，其旨不同。以为仁义礼智已违孔子，而又以为诚之通复。夫通复者，阖辟消长之义也，于元亨利贞何与哉？

元，始能以美利利天下，所以亨也。利贞则人之所以体乾元，故曰性情。

乾元一气，统天而行。气在即理在，天之所以为天。气杂而理杂，人之所以远于天。圣人理极其纯，气极其粹，故曰：纯亦不已。

天地类

人为三才之贵。天地者，道之原也。不知天地，安知心性？故次天地。

天地未分，太极在天地之始，天地既分，太极在天地之中。天地一也，其气浮沉于上下，而名曰天地，阴阳之成象者也。

天地无一息不交，太极之阖辟然也。分者其象，合者其气，气在而鬼神行乎其间。

阴之灵，阳之灵，气也，而理寓焉。外理而言鬼神，俗之惑也。天地一神气而已，惟人亦然。日月星辰，天之神光；风云雷雨，天之散气也；而其神气之不可见闻者，则无声无臭。人之百为皆有迹，而理则宰于虚，神气之元，性之实而天之命也。

天人一气，人神一理，其原同，其事安有不同？而每歧视之者，未反身而诚也。

老子曰，人身百节有神灵。万物皆备于我之义也。非大而化、化而神者不知。

人知心即神明矣，而莫知其原，是以自戕其性，自远于天。天道神而莫测，理可以决之；人心灵而难制，性可以定之。憧憧往来，朋从尔思，心之动而无本者也，可谓性乎？

咸，感也，无心而感乃为真感。天地仁于物，圣人仁于民，一也。九四一爻，以有心而感，所以失之。而《系辞》更申言其义。日月其天地之神乎，阴阳互为其根而生化不穷，神之灵，气之著也。

阴阳之著为象者，日月固分；阴阳之含于虚者，日月自合，非至德其畴知之。

至清者天也，而地承之。地之质其形之累乎？累于形而气有清浊，人之智愚所以判，而天气固未尝无，是以性善。

人何以配天？性之浑然粹然者，全而受、全而归，则形不足累，而且神其功化，践形所以为圣也。

日月五行之精，散为星辰，而其藏在地。人者，阴阳五行之秀也，故动于下而应于上。占步者，不修人事而候吉凶，术斯以陋。

五星之变化，异于群星，以其为阴阳之大用也。

天之不测在于地，地之大而神，皆天之大而神也。知之者希。

圣人观天察地以利民，授民时矣，而亦示人以感应之机。天人无二理，神人无二情也。治民者不畏天而信术数，则天人合一之道不明。

天之时可测，天之神不可测也。圣人以诚合天，以敬事天，以不测者奉天，故曰：知我其天。

风云雷雨皆气也，而气在即神在。神者气之灵，可以形，可以无形。先儒未知神气之不可分也，故滋惑焉。

一阳始于子而老于戌，至大壮而雷兴，至大壮而雷迅，天气播而化功盛，剥则息矣。

雷固气也，而神寓焉。震夷伯之庙，于是展氏有隐慝焉，左氏固以为天恶隐恶也。迅雷必变，圣人岂仅谓为天之气乎？何儒者之多臆说焉？

人于天地间，藐然耳，一元之理气备焉。斫其性，纵其情，覆载难容，则所以死之者多途，其毙于雷电水火者一端而已，然孰非自然之理哉？

布鲁特无雨，以风候时，生长收藏，悉占风信。四海之外，气候不齐，执一隅以测之，陋矣。

天理备于人事，天心视乎人心，略人道而言灾异，汉儒之误也。

休咎亦岂无由？圣人以理胜之，故言天者，自民时而外，可以略之。

成天之功用者，地也。日月而外，风雷雨露，人物赋形，皆地为之。未周知六合而仅以中夏言天地，则多迂滞。

中夏为礼乐之邦，自羲农以来，圣人之功用宏也。而极地之博，中夏仅其一隅，执耳目以言天地，先儒所以多失。

人者，天地之心也，非人则天地之功用亦虚，故圣人为天之肖子。

有人即皆有君长，其必材质殊也，故圣贤不择地而生。孔子曰何陋，孟子曰舜文东西夷，盖深知乎天心矣。后儒何以昧之？

《春秋》严夷夏，圣人之法在诸夏也。不然，夏未必优于夷。

理至粹而气化不齐，后天所以远于先天也。存后天之心，养先天之性，圣学所以配天。泥气数以言天命，可乎？

邵子以数测天，而以易卦配古今，则辅相裁成之道，可以无庸，亦异乎圣人矣。而又以为天地亦有尽时，恶知天地即太极哉？

周子曰：大《易》不言有无，言有无者陋。然太极而阴阳五行，生化不穷，自无之有，一本所以万殊也；由万物而穷理尽性，以至于命，自有而无，万殊所以一本也。复，其有之机乎；剥，其无之象乎。周子以通复言诚，而不以有无言《易》，盖讳其名而遂没其实。

万物皆有形，形生于气，气载乎理。天地，理气之原也。以形气测天地，似是而多非。

有理而后有气，有气而后有质。圣人之践形，以理化质。凡人之失性，以质累气，质具而七情扰焉，性所以牿。变化气质，而后可为达天之学。

天地之功用在日月。日月之灵，其心性之实乎。知后天而不知先天，言性者所以不合乎天。授时莫精于我朝，妄言灾异者，斥之。圣矣哉。

天行健而其气神焉，日月星辰统系人物，从有象以窥无象，占候非难，而其神之变化则视乎人心。故事天之学，要也。

鬼神类

鬼神，一理而已。理粹则与鬼神合其吉凶，非心性外事也，故次天地。

子曰：神也者，妙万物而为言者也。其下乃以八卦言之。天地固在八卦之前，而云然者，一阴一阳，生化不测，而天地之功用以宏，神之灵以著。

人得天地之理气而生，则阴阳之灵与性俱赋。质诸鬼神而无疑，理极其精，天不能外，故曰知天。

漠视鬼神者妄，泥视鬼神者愚，愚之至而邪诞出焉。不诚其身，与天日远，安能不入于邪僻？

君子畏天命，则知鬼神体物不遗，而顾諟之功严焉。不畏天命，小人之所以无忌惮也。

五伦本乎天理，故忠孝节义，感天地而动鬼神。敬神者必由克己。

由祀典则有天地神祇人鬼之名，言修身则有事天如神之学，至常也而至神，可弗知人神一理乎？

万物皆天地之散气，故鬼神悉在焉。人灵于物，必全天理而始贵，故君子与鬼神合德，小人为鬼神所诛。

俗悖理而伤伦，惕以鬼神，不如范以物则。物则修而天地位、万物育，鬼神可知矣。

巫祝卜史，圣人以之事神，不敢谓己德之修，无事于陈信者也，常人则实无其德，而惟事媚祷，淫昏且中之矣。

天视自我民视，天听自我民听，公是公非之良，天不能外也。若一己之私，拂人情之正，岂得谓然？

啸梁瞰室，凡有精气之物凭焉。君子修其德以事天，而百怪弭焉。故曰：见怪不怪。

万物之精，上为星辰，故占候易中。然人心之变化，一念圣狂，天象可转。故君子务寡过而正身心，不授权于术士。

圣王代天理物，其生不偶，则呵护之者亦宜。然事天以小心，不可恃才而肆。历代言符瑞者，神其事、昧其原，遂为世惑矣。

天地鬼神，一理而已。理备于身，建诸天地而不悖，质诸鬼神而无疑。

十干属于天，干，幹也。十二支属于地，支，枝也。作者其得天地之奥乎？阴阳五行尽于是，人物生化由于是。俗以推测休咎，于理为爪鳞，君子不谓命也。

十二宫禽星有鼠、猴、龙、虎等名，非臆造也。天地初分，人物并产，阴阳五行之精，成象成形，一气昭著。朱子之贤，应麟之博而不知，何耶？

大哉乾元，万物资始。体之于身，天人一理，气化不齐，要终原始，幽明之故，毕贯之矣。

星相医卜一切术数，均可为人伦日用之助。不求其本，则惑于鬼神，害于民义。人心邪妄，岂鬼神导之哉？

治道类

心性伦常、天地鬼神，皆赖君上建极以宰之，故次鬼神。

圣人事天如事亲，动静食息，惟恐不得乎亲，则毫发违天心而不敢也，况宰万物而代天工者乎？

亶聪明，作元后；人以为天赋之优而已。耳顺曰聪，烛照曰明，至圣足以有临，由斯道也。汉祖唐宗岂弗英明？伦纪不立，治功不纯，有质而无学焉耳。

学岂不由师乎？文王师鬻熊，武王师尚父，至德犹然，何况中下。《大学》之礼，诏于天子无北面，岂自屈辱欤？

世不皆圣君，而必不可无圣臣。尊贤则不惑，敬大臣则不眩，九经所以贵之也。

礼乐者，治世之具，而不必定袭前人也。因时制宜，本之君德，宜乎风俗人情，可大而可久，斯善。

叔孙通制礼，而两生不肯行，曰：礼乐百年而后兴。孔子欲往公山，曰：吾其为东周。汉高岂不优于弗狃乎？

孔子生乎今，岂尚泥乎周制？正其伦纪，善其教化，选举合乎人心风俗之宜而已。儒者谈理而难以施行，盖未闻时中之道乎？

治道尽于富，教而不富，何以教？井田不可行，均田之法岂可不知？仿六德六行以求贤，而又严为制度，贵贱毋得侵越。匪才者虽多财，无所用之，则迁善者众矣。

《洪范》五福不言贵，古无贵而不富之人也。大才受大禄，小才受小禄，君子在位，小人在野，三代盛时，所以朝无滥爵而野无遗贤。

王莽限民田而天下大乱，苏威诵五教而民不信从，莽乱贼而威曲士也，无诚正修齐之本，徒仿古道，可乎？惩之而以为不必如斯，其惑弥甚。

王安石、宇文氏，曾仿周官矣，未尝闻圣人之道，而以私智变法，安能协中？君子本身建极，酌人心风俗之宜，而准以天理。大贤以下，其可几乎？

后世法制之善，优于古者至多，惟酌其宜而协乎中正，不必徒袭五帝三王也。

修身则道立，而身何以修？非明师不可也。三代下之治道不立，岂非圣学无人乎？

圣人非甚难为，诚得其传，则修己治人，自衾影而推诸于天下无不宜。一以贯之，岂在远求乎？

圣学无传，即天地亦穷于功化。凡首出者，其材质非不过人也，而修身之道弗讲，则所以承天心而奠民生者，皆非。

六合岂无圣贤，不遇于时，则抱璞终焉。非破格以求，虚己而听，安得共成至治？

培养深而嵩岳应，至仁足以享天心也。周自太王至于文王，干城腹心寓于野士，武王周公封建，所以小德役大德，小贤役大贤也。不然，安得多才而用之？

汉时近古，圣贤之遗意犹有存焉。贾生未为纯修，而言谕教之法，协于前人，惜其亦不见用也。

崛起之君，半多天授，而无学以陶成之，必不能如舜禹。继世之君，即选贤师而非圣人之流亚，亦不能如成康。然则师道之立，其所系岂细故欤？

后世贵贵而罕尊贤，名世远引，史不及载者多矣，岂得谓运会使然欤？

贤士之忧国忧民，甚于有位，孔孟然也。其得天之道，即心天之心，非有所勉而然。上不及知，皆窃位之臣，阶之为厉。尧以不得舜为己忧，舜以不得禹、皋陶为己忧，拔茅连茹，非恃一人之耳目也。

神宗之任安石，世宗之任严嵩，不亦专乎？以不贤为贤，无修身之道也。

君德莫大于知人，非正心修身，贤否灼然，何以克知？三代下之昭烈，高宗不能过也，非生长微贱与贤士交游者久乎？其言曰：勿以善小而不为，勿以恶小而为之。所由来可知矣。

后世惟光武、昭烈有学养之意。光武与子陵同学，昭烈与康成、元方等周旋，数人非上智也，而所得于居游者已然，况得名世之师友乎？

天下无生而圣人者也，必得明师友以陶成之，而后才美可全。三代上之贤君皆然，后世易之，故治功不立。

法积久而必敝，圣人因时势而变通之。周公兼三王以施四事，礼乐明备矣。又使杞宋守夏殷，鲁国存周制，盖以为后贤损益之资。自王安石妄为而后世以变法为讳，其误亦复不少，可慨哉。

祖宗之法不可易者多，而日久宜变通者亦多，第非贤君相不可。拘泥与妄作同咎。

前人十得而有一失，子孙往往师其失而不师其得，是故贻谋不可不慎。

周以忠厚开基，忠厚者仁也，仁由修齐而推。汉唐代秦隋，其得国近正，而家庭之咎及于子孙，失仁之本也。

天子与庶人无异学，造士与选士无二途。道德为本，才艺为辅，治己治人，一以贯之矣。

不凡之才，其先世必有隐德，而后钟是人焉。惜其得志骄横，不由礼法，既负天心，亦隳祖德，卒亦不免于死亡也，曹操、司马懿之流然。

圣人无意于天下，而天下归之，唐虞三代其道同。后世力争乎天下，而天下屈之，秦汉以下所以陋。

孔子曰：唐虞禅夏后，殷周继其义，一也。自世误解征诛而乱臣贼子皆借口于汤武。孟子不言之乎：行一不义，杀一不辜，而得天下，夷惠不为，况汤武也。

汤武革命，顺乎天而应乎人。孔子言之，世犹不知其实。故圣人之心，知之者鲜矣。

孔子欲为东周，谓修明周公之法，比美于西周也，而岂更姓改物乎？辅鲁以藩周，归老于洙泗，孔子之志也。是义弗明，后世以圣人为必受命，其诬不亦甚欤？

受命者受天眷顾，在下如孔孟，岂独君相哉？误解而谓文王受命聚讼棼如，可太息也。

非其君而天下归仁，不得已应之，则得国正矣。后世其谁？秦隋无道，天下畔之，有诚欲安民者，布德行仁，天下应焉，可也。汉祖唐宗，惜其未闻斯义。

以善服人，不如以善养人。养之之道，岂外于仁义哉？仁至义精，而礼乐不兴者，未之有也。

兵制不可以泥古，而以仁义结民心则同。文德修而四裔皆悦，况宇下乎？

文与武殊途，民与兵异用，而治道裂，防维疏矣。

学术类

学术正而后治术隆，天人性命由此而贯，故次治道。

傅说始言学。学者，学圣人而已。圣人何异于人？能尽人道而已。文王止仁止敬五者，可类推焉。

道不外于五伦，而其难易常变，百出其途，惟圣人各尽其道，悉协乎中。学者，学此而已。

道著于人伦而其原在心。心弗正，身弗修，伦何以尽？学、问、思、辨、笃行，务此而已。

静而养其未发之中，动而协于天理之和，动静交修，其要在于诚敬，而其始终本末之功，则必由师授也。

上古开天明道之圣，半由生安。中古治功备而嗜味日繁，天亶神灵，造物亦靳之。删书所以断自唐虞，祖述所以止于尧舜也。

圣道必有圣师，孔孟所以重传人，而邹鲁之贤绵延数百年，卒使六经大明于世。

汉兴，孔孟已遥，经秦楚之兵火，深造者无人，传经而少传道，修己治人、本末始终之学弗全，治功所以遂卑欤。

汉儒笃行，盖犹沿规矩之道，而诚正修齐，基于宥密、暨于天下者鲜能，则师传之失也。

词章之士，质多不凡，以为圣学则精微可企，而靡有师传，故技止于此，甚且有文无行，为世害矣。

文武周公之遗至五代而始尽，圣人之流风远矣。

文中子其亦贤乎？生圣学凋敝之日而能志道，惜其不遇圣人，又年少而早世也。

韩昌黎之方正而未闻道，其辟佛则有功于当时，盖唐佞佛，实非佛之知己，士大夫卑陋，不容不惩也。

或称曰颜子，或称曰圣童，天质之美，世岂无人？

而无圣师，则学弗极其至也。

才德兼备，无如孔明，惜曹魏之势已成，绌于力而天已去汉，非学之不足也。

文字之学兴而士鲜实行，非文之过，父师修齐弗讲之过也。

性外无道，道外无人，人各有道，各诚其身而已。以道为独得之奇，陋哉。

文以载道，道不外于天理人情。圣人，通情达理之至者也。故文而害于人心风俗，其文可毁。

学始于穷理，理具于心而着于事物。心之私欲不除，则智慧不生，故致知先格物。物，物欲也。初学格物，岂能净尽？礼法要焉，贤父师身为之则，而又束以规矩，言动合宜，持以敬静，可徐化于中行矣。

古人乐舞教于童蒙，琴瑟习于终身，所以化其亢戾者深。今之初学，惟恃礼法，而俗诱复多，则文行交修，非贤父师不可也。

诵读工书，岂非闭邪之具乎？非圣之言不入于耳目，言动之法，必准于中和，亦可以养成德器，而非贤父师不能。

古礼古乐，不合乎时宜矣。遵王章、循义理，实践乎仁义之事，游泳于诗书之林，亦曷尝不可以成德？

今天下咸知圣经矣。言之即思行之，勿为不仁，勿为不义，而更虚以下贤，人才岂不古若？

周制，德行道艺，人人习之，而闾党悉有师，由乡学升于国学，以瞽宗为之师。盖其德行已全，特恐气质之偏难化，故教以神瞽，所谓成于乐也。乐教亡而奇邪多，学者所以难醇。

古礼不宜于今，而六德、六行、六艺则教士取士，非是无由仿之以行，善其补救，学何患不正？而人才何患不兴？

十室有忠信，而士林尚浮夸，则学术不明，授受无本也。

科举非不可行，而有言不必有德，知言尤为不易。贤者未必求荣，不贤者工于藻饰，则得人难矣。

由邑而郡而学臣乡举，亦古人之意也。然防奸之密，无以处乎守道之儒。征辟贤良不由资格，尤必变通之而始善。汉武好词赋而天下趋之，延及末流，诗赋争工，流为放浪，非诗之失愚，所以正其性情者无有也。

国家得百文士，不如得一忠贤。伊周训诰，岂不能文？其襄成至治者奚在？学者可以兴矣。

学之为孝子焉，学之为忠臣焉，念念不欺其君亲者何人？则正心诚意，所以清其本原者亟矣。

汉承成周之遗，士犹敦品。曹氏父子篡逆而工于文，后代袭之，德行日薄，一二潜修之士，不遇于时，是以风尚衰矣。才智非难，德行为难，才德兼优，必由文行交饬，裁成变化。君、亲、师三人，不得不任其责也。

高谈性命，惊于文词，而修己治人，毫无实效，皆道之蠹也。修己以敬，安人、安百姓，敬固非徒静而已。能静而不能动，禅学之非，以其守心而不尽性也。儒者惩其失而惊于博，女以予为多学而识之者，予一以贯之，知者希矣。

性者心之宰，心者性之用，所以尽其心，始知其性；存其心，尤养其性。自天而之人，性所以汩；自人而之天，性所以复。学者必以是为本。

古今事物之赜，其可以耳目穷乎？惟性无所不统。性，太极也。动而无动，静而无静者，天之所以为天；泛应曲当，无为而成者，圣之所以配天。

谭理则沦于虚，应事则滞于实，儒修之所以入于禅学，而功名之所以不由心性。

忠孝节义多人矣。其天质之优，不必由学，而遂以为君子不必学，则非。

载籍极博，以圣为归。无圣学而徒博，书亦误人，岂必他术。圣人之言存，即其人存。体诸身心，极于神化，圣亦可为。难其得师，尤难其有恒耳。

以忠恕之心，行仁义之事，圣可为矣。而其原则由养浩然之气。

浩然之气，天之所以为天，其体至静，其用至神，统天而无极，故状之以浩然，实则无声臭也。著于事物而有象，忠孝节义，特其一端。

学以希天为至。畏天命以收放心，循天理以禁邪心，重天伦以永诚心，由下学而上达，不外乎是。

念念勿欺曰诚，事事不苟曰敬，常葆虚明曰静。自始至终，学以三言为要。

存诚去伪，学之本也；体察事理，学之文也。惊词章而重名利，内无以正其心，外无以善其行，学术斯坏。

声名文物，圣人所以经纬五伦也。积久而本之则无，夫子所以思夏殷之礼。

忠质文岂可偏废？春秋之文，非周公当日之文也。故孔子思夏殷而美郁郁周，非偏于文也，今其亦郁郁乎？学者以忠质为文，奚必高谈古制？

四裔其犹有质之意乎？因其俗而文之，甚易于治。中夏有丧其本原者矣，虽日从事于文，弥近理而大乱真焉。

四海之外，不知中夏圣人者多矣。而其俗厚民安者不少，盖亦有至人焉为之经纪，特弗如中夏之全。学者耳目未周，概斥为诞，而尧舜、文武之道习焉鲜能，孔子所以欲居九夷也。

本之存心养性，当乎天理人情，由修身以暨于天下，文质彬彬，学术正而治化隆矣。

百工技艺，凡有益于民生者，皆不可无。得大人以裁成之，齐治均平，无功弗集。专己自用，世有遗才，非学也。

文学类

文以载道，道非文不著。故次学术。

上天之载不可窥，而成象成形灿着于两间者，皆文也。圣人之心不可见，而所言所行垂教于古今者，皆文也。即文以见道，本道以为文，文其可忽乎？

万物皆备于我，则万物之文亦在于我，博文而约之以礼，文始得其中正。惊于文，疏于礼，则惑矣。

四子六经，天地之至文也，道尽于是。是之不学，而何以文为？

自朝廷以暨于编氓，有心智即有文章，惟圣人博择而折衷之。裨于人心风俗则贵，否则腐。

百官各尽其职，士民各修其行，诗可也，书可也，百工技艺无不可也。文在而义理斯在，是以贵焉。

屈原作《骚》而继风雅，诚于忠也，宋玉逊焉，况其他乎？子美作诗而为史圣，笃于君也，余人逊焉，况多妄乎？

人心有自然之天籁，触物而形为歌咏，圣人节之以礼乐，而劝惩寓焉。诗之为教大矣。乐教衰而诗始杂，欲叶中和，不亦难乎？

《诗》三百篇，孔子皆弦歌之，盖圣人正性情以正人性情，不必其词之尽美。惜后世不得其传也。

《诗》本于思，孔子以《唐棣》为未思，而又曰：思无邪。不思则不得，思不正则淫，所以养其原者，可勿务欤？

古者诗皆入乐，秦后失传。汉魏别为乐曲，于义无关，至唐而第存其名焉耳。以《三百》较之，而其失自见。

人心风俗悉征于诗，诗亡而美恶杂陈，欲人知所趋向，难矣。

无时不有诗，兴观群怨亦具焉，必以工拙时代差别之，则非采风之意也。

古诗十九首，其犹有风人之意乎？而得其解者希。曹氏父子诗非不工，然乱臣贼子，春秋所不容，而何取乎其才思？五代文敝之时，而《文心雕龙》优于《文赋》，安可以时代薄之？

诗之为教最古，人各有性情，则各有可采，必苛求焉，则性情亦以时会而衰，岂通论乎？

惟诗为性情之发，故圣人采风。第以归之文人，政教风俗何以观焉？

颂，颂也，于庙义主颂扬。雅，正也，朝廷有裨正教。风，杂出于民间而可以风。后世竞新声而雅颂之意亡，工雅颂之体者亦少，孔子正乐而损曰雅颂得所，岂无意欤？

法令不可以钳人之口，辅轩废而谀词多，诗亡，所以《春秋》作也。后世忌讳日多，史失其实，诗伤于文，论古者奚由窍实？

自宋以前，忌讳犹少，故唐人咏时事者多质言。诗禁兴而稗野复不入于正史，是非难据矣。

唐以诗取士，民间之作，往往达于天子，因而登进者多。惜其但取字句之工，无关激扬之意也。

诗降而为词曲，卑矣。至卑无逾于试律。

词曲非尽卑也，俳优淫声杂之，遂为荡情惑志之端。

言为心声，诗文，言之文者，而士尤四民之秀，故观于斯而知天下之人心风俗。

汉武重词赋而扬、马兴，踵事增华，关于风化者少。人心动而天籁随，体物言情，归于中正者亦希。

性情正而天机熟，文与诗皆足以风，不必病其为理障也。若彷三百篇之意，谱入乐章，以时习之，安在不有裨于教化？

文章因风会为转移，惟道德之文不然。孔子系《易》不若羲文之奥，然词顺而义精，解之实不易也。若《杂卦传》尤其至简者，乌可以时代别之？

孟子之文易晓而其义至精。前人谓孔明言教琐碎，因与俗人言耳，孟子其亦然欤？

文宗左、史，诗首李、杜，而其得失参半，非肆力于六经，鲜辨瑕瑜也。

秦汉去古未遥，文多质厚，盖圣人之遗泽犹有存焉。魏氏有文无行，益以齐梁后之草窃而文敝。昌黎以直质挽之，遂为文宗，衡以圣言，亦未为醇也。

昌黎以气言文，不刊之论。然气亦有辨天资与学力，而有道之文则尤理气兼胜者也。

养浩然之气至于不动心，无意为文而文自工。以纵横之习例七篇，岂知孟子者乎？

行乎其所不得不行，止乎其所不得不止，是也。而自汉以后，伤烦之文多焉，如剪采矣。

文与诗皆限以律，则性情学养能自用其才者难。弃取弗慎，人心趋向乖焉，可无惕欤？

不以人废言，以其可行也，岂谓无实而工藻饰者欤?

立德则甘让于古人，立言必求知于后世，书籍所以日多，而人心所以日惑。

古者文与行合，今者文与行分。古者询事考言，言足以兴，非第以其工于言也。

才学淹富，而日用伦常弗践其道。朱子曰，词章记问之事难于《大学》而无用也。

诗文之至者，经纪人物，歌泣鬼神，词章安可轻哉? 惟以性情天理衷之而已。

人心不可以无所寄，寄于诗文，其趋正也，毋伤理，毋肆情，其不可以自乐乎?

所恶于文者，为其贼道也。不然，奚罪焉?

天地万物之情状悉在于文，故不可不正其趋而慎其用。

技术类

技术亦道之余也，第是非宜辨，故次词章。

百工技艺有益于民生者，皆圣贤所留遗也，而必戒其偏与执。

古者四民合，故贤圣亦出于耕钓。后世四民分，故艺士不达于经纶。

农圃医卜，民生攸赖，专于艺则小，达于理则大。

智者创，巧者述，至今而工密无以加矣。君子用其才，必欲善其道，是以淫巧薄心之术禁焉。

医卜星象及占候，其途多矣，道明于上而修身立德者众，则以理定数，人心不惑于歧趋。

赳赳武夫，干城腹心寄焉，豫于德，不止优于材也。后世文武分途，何耶？

射以观德，盖养之于礼乐者有素，非取材于临时也。

弧矢之利以威天下，圣人重焉，而武备不止于斯。武勇之途亦多矣，预养其材以辅仁义，故无讥焉。文德与武功异趋，而事变多，兵制难，其本原失也。

以力相胜，以术相先，人心日敝，风俗日颓。欲正其趋，岂不由于大学之道？

圣人无不通术数，而修己治人必以心性伦常为本。后世奇邪多而有用之术皆为民害，源不清者，流不洁也。

占星望气，藏往知来，皆由术数。神而明之，通变宜民，修德事天，无非中正矣。

圣人不贵前知，作圣作狂在于一念，事天立命有至理焉。故老子曰：前识者，道之华而愚之首。

以凡事为数定，则君相师儒、裁成辅相之道皆可无，庸惑之甚也。

稷契开养教之原，其得天故异。因是而言符瑞、昧修身，为世害矣。

命世之才，其生不偶，而纵心悖理，丧其所受者多，史传犹或神其事，陋矣哉。

四灵为畜，圣世之常，圣人不以为意也。一夫不获，是予之辜，而何贵凤麟哉？

民安物阜，瑞之大者；志淫好辟，灾之大者。

技进乎道，术极于神，皆由品端而志一也。故虽父子，不能以私授。

平地成天，神功本于至德。艺也，无非道也。不知圣学，则反以宛委岣嵝为诬，而愚者又入于邪诞。

李冰治蜀，酾渠以利民，而于灌口则留深淘滩六字，天彭则为誓水碑数言，数千载而水不灭碑堤，为民之利，神功岂下于禹乎？

古有道者，非为国为民不施其术，异乎后人之妄诞矣。

有益于民生，无害于义理，君子皆节取之，故世无弃材，而亦未尝得售其欺妄也。

谈性命而无实用，薄材技而骛文词，其弊同归于贼道。

君子多乎哉，圣人恐人务多能也，而又曰执射、执御，恶夫无所能而徒博焉。

骄人以所能，限人以所不能，能者弃之，不能者怨之，殆哉。人各有能，因而奖诱裁成之，为政可以不穷于用。

才德不易兼全，以德驭才，无地不可以成治化。

祭之去尸也，衣之去裳也，几席之弗陈于地，器具之弗限以古也。今之技巧，虽圣人何以加焉，正其本原，则一切皆礼乐之具也。

时宜类

理一也，而天下古今事势万端，以一理准万事，经权常变，各得其中，非可言罄，故次以时宜。

天地初分，人物杂生，非有神灵首出之人，不能仰观俯察，尽万物之情。后世法制备矣，惟修己以治人，其道约而赅。惜歧说过多，中庸鲜能之者。

圣人递生，中土之治功醇备矣，而情伪转杂，不若四裔犹多质直，盖嗜欲甚而天机浅也。

一元之气，浑沦布濩而随地赋形。天不能不授权于地，气化之杂，所由来也。人物因之而殊，非圣人，其孰从而化裁之？

地维可纪者四大洲，亚细亚也，欧逻巴也，利未亚也，亚墨利加也。无处无人，即必有人焉，以君长之，第不能如中夏之备耳。

中国居亚细亚之东南，弹丸而已，而圣人之化，则非此外可几。

气化以渐而开，舆图以渐而广，修其身，善其化，非圣学不可，是以难其人也。

居中国，学圣学，而无以成己成人，耻也。

凡具人形，皆含天理，而无教化整齐之，天亦无如之何，是以圣人为天肖子也。

官吏分职化民，至近如内属之夷，久而未知伦理，非司牧者之过欤？

一年成邑，二年成聚，三年成都，如今部落酋长，因其俗而化裁之，民日迁善而不知也，后世不几以为煽乱乎？

既富方谷而后世遂生至难，何暇言礼乐？

亚墨利加，其地居地维十分之七，而今始通。天地之大，人物之繁，可胜纪乎？圣人不务广地而惟自修，以为仁义之化，必由近以及远，俟诸后人，功不必己出也。

圣人尽其性以尽人物之性，则赞化育之功，无处不可以施行。圣学罕传，人遂多沦于异族也，悲夫。

生民有欲，无主乃乱。主之者多异材，特罕从事于圣学，故治功不纯。

天地之所不足，惟圣人匡救之，道是以大，而圣学是以不可无传。

区区于名法治内安外，讵能久乎？

人情各安其生而思乱者，未之有也。故治天下无多术。

圣人皆能敝征天下，伯夷、柳下惠行一不义，杀一不辜，弗为也，何疑于汤武？

圣人视天下至重，故传贤而不传子，亦视天下至轻，故有天下而不与。

天下古今，耳目岂能周？而圣人一以贯之者，天理人情而已。人情衷于天理，天理定乎万变，泥古而不宜今，多识而不反求，理学所以滋蠹。

君子之中庸也，君子而时中。孔子言之，孟子即以称孔子时也，而必适乎中，乃协于天，否则小人之中庸耳。

天道大矣，而七政运行不差锱黍。圣人之广大小心亦然，所以与天合德也。

浑然无为，粹然至善，而事至物来，悉察之至精，施之至当，非恃一人之智也。凡才德皆为我用，而不以我与，圣心如天，故其功化亦如天。

辨讹

理本人人所有，行之而当，亦人人所安，而不然者，异说乱之也，故次以辨讹。

人皆得天理而生，则人皆可圣贤。孔子曰：知之一，成功一。孟子曰：皆可为尧舜。以圣贤为天授，不知圣人特全人之道耳。

人之异于禽兽者几希，庶民去之，君子存之。存之始为人，去之则为物。以圣为不可学，是不欲人为人乎？

以圣为难能，拘泥古礼法之过也。孔子以礼乐教人，乃一王之制。使生于今，必由王章，麻冕可从，拜上不可从而已。力行仁义，何必谈古衣冠哉？

所以为圣人者，随其所值之时，所居之位，而皆尽其道，可以为法当时，传于后世。自尧舜至于孔孟，事不同而心理则一。如世儒之论，则圣人高渺而难几。

忠孝至圣人而极，伊周之权专矣，委曲成就君德，太甲成王，克配汤武，曷尝有毫发宠利之嫌哉？误解大德受命，似盛德之士，君不得而臣，父不得而子者，不亦慎欤？

才多而德少，才易而德难，培养深厚，立贤无方，不能者胥劝，贤者汇征矣，谓人才为天授者非。

圣人无异于人，本无可异也。孟子曰：以仁存心，以礼存心。如舜而已矣。此岂难知难行者欤？

自尧舜至成周，而治世之法备。《周官》所载，固周公兼帝王而时可者，然非以为后皆可行也。故命杞宋守其先王，鲁亦存其方策。《仪礼》出而迂窒生，圣人之法几如画饼，可慨也夫。

后世治法，岂能越圣人之范围？而善世宜民，变通协一，必俟圣流，故必储其材以救弊。

圣贤不择地而生，知中夏而不知外域，见闻之陋也。圣人何以无所不知，无所不能？贵贱各有其职，穷达各有其宜，能尽其道焉耳。若事物之赜，材技之长，岂能悉优哉？

圣人如黄金。耕、稼、陶、渔，此舜无为而治。此舜也，匹夫而为天子，亦能以天下与人。

尧舜性之，汤武反之，言其用功之始耳，及其成功则一，岂有毫发之私哉？乱臣贼子借口于汤武，魏晋且借口于唐虞，亦解经者贻之戚也。

三代而下，惟汉、明乘危乱之势，非在廷之臣，而实以安民为心，未之能也。其余半多篡窃，何由议圣人之道乎？

行一不义，杀一不辜，而得天下不为，无欲之至也。得百里而君之，皆能以朝诸侯、有天下，道大之至也。不思其实，第尊孔子而薄夷、惠，奚由学圣乎？

隘与不恭，为学夷、惠而误者言也。伯夷不念旧恶，柳下不以三公易介，曷尝隘与不恭也。

夷、惠逊于孔子，在秉质毫发之间。孟子巧力之喻，人罕知矣，而随声附和，何益于实修？

礼乐法度，非常人可议，而仁义者，天性之良，人皆可为也。不忍为不仁，不敢为不义，入德奚俟远求乎？

原所以不忍、不敢之由，岂徒畏人知哉？畏天命也。明明在上，赫赫在下，不畏天命而能慎独者，无之。

俗以天道为高远，神明为恍惚，则恣其心之所之，人欲肆而天理灭矣。

得天之理以为人，则覆载本吾一气。圣人事天如事亲，毫发违天理而弗为也。故《大学》《中庸》言慎独，而曰：十目、十手，相在屋漏。

天何言哉？神气风霆，风霆流形，庶物露生，无非教也。孝子事亲，视于无形，听于无声，事天如亲者，固将通乎无声无臭之本原，而况日监在兹，临下有赫乎？

常人求鬼神于渺冥，而不求之此心，所以妄也。而必谓鬼神为无，何以解于体物不遗？常人求祸福于侥幸，而不求祸福于心理，所以惑也。而必谓祸福为非，何以解于余庆余殃？

有畏祸之心可以入道，有敬神之志可以事天。不求衾影之安而务浮华之事，几何不入于小人。

小人不知天命而不畏也，小人而无忌惮也。彼以天道为无知，良心为可昧，清夜自思，未必帖然也，牿亡之久而安焉，贼己贼人，可胜慨欤？

圣学不外于敬，程子之言善哉，而未知天命之在人心，又何以敬？曰：己知即人知也。然畏人知而不为，岂自慊之道乎？

慎独所以敬其动也，而非静何以知动。静而无为，动而有觉，心也。必养浩然之气，始不动心，则以有觉之心为性者误。

《易》曰：大哉乾元，万物资始，乃统天。夫乾元之统天而行者，即气即理。上天之载，性之本也。浩然之气于斯普之，而不动心亦于斯。

知觉运动之灵，人物所同。乾元之性，人之所独。分言之曰仁、义、礼、智、信，合言之曰太极之灵，浑然粹然，无贰无杂，非后起所能与也。

知觉之心，佛道曰识神。天命之性曰元神。性不可见，着而为五常、四端，其验也。心杂阴滓而性实元阳，养气不动心，去私存理之纯，而形色皆天性也。

明心见性，尽其心者，知其性也，而僧流则以养后天之心为了性。修真养性，养其性以事天也，而羽流则以养后天之气为立命。

先天之性，后天之心，相需而不可离，以性定情则圣，以情乱性则狂。

尽其性者，与天通，孔子所以言天生德于予也。曷由而纯乎性？曰诚、曰敬、曰静、曰不息。

致知者不外于学问思辨，明乎善而后可以诚身，真知而笃行之，即为诚意，意之动皆诚，则行无弗诚矣。有不必学问思辨行者不必为，夫子特申言之。事物之赜，固非可穷，穷之而亦无益于人伦日用，何云物物而格之哉？

圣人之法制，皆所以维持五伦也。五伦本于身心，存养以端其原，爱敬以践其实，道尽于斯。非是则为异学。

老子，孔子所师，称曰犹龙，未尝非之也。后世异端托之，儒者从而斥之。佛居西域，以仁让化民，其妻曰耶输陀，子曰摩睺罗，未尝废人伦也。后世夷俗乱之，司牧弗能正之，因其流而咎其源，诬矣。天无二道，圣人无二心，外日用伦常，岂有道哉？

西方之称圣也曰佛，贤曰菩萨，大贤曰摩诃萨。其名异而其实同，未尝欲行乎中国也。自世教衰而民彝之好，喜其慈悲、清净，从而效之，苟大学之道合上下而行，固可不禁而自无。

慈悲、广大、方便、清净，皆圣人仁让廉静之意耳，僧流失其真而儒者亦无察其实，是以学佛者不息，学圣者无几。

言道何以更言佛、老哉？学佛、老者，静其心，养其气，而不知先天之心与气。然养气乃可以不动心，尽心乃可以知性。避静心养气之名，学圣贤无由问津也。故不得不先辨其似而存其真。

道心、人心，一心也，而何以异名？老子之告孔子也，曰：至阴肃肃，至阳赫赫。肃肃出乎天，赫赫本乎地。阴阳互为其根，此先天、后天所以分，而人心、道心所由二也。孔子曰：一阴一阳之谓道，继之者善也，成之者性也。其义盖本于斯，故孔子称之曰犹龙也。

惟精惟一，性髓至纯之谓，非用力之谓。允执其中，以一贯万，天下之大本，发而为天下之达道，无二理也。以精为择，以一为守，以允执为操存，盖以下学之功为圣人之量，由未窥其奥也。

天之理即性，性之欲即情，情之灵即心。以至虚宅心，以天理节情，静则无声无臭，动则因应咸宜，圣人之心情所以无一非性，即无一非天。子故曰：知我其天也。

天理散着于日用，念念天理，事事天则，而人亦天矣。故存心养性，即所以事天。

以天为远，以道为奇，智者荡，愚者窒，圣学所以不明欤。

道，一诚而已。诚之至极，而元妙存乎其中矣。元妙无可名言，而空在其中矣。道言元，佛言空，言至诚之妙耳。

元之又元，众妙之门，天地之中也。真空不空，妙有不有，微之显，费而隐也。歧而视之，异说所以日多，学术所以日晦。道固难以尽言，圣人不能泄乾坤之秘也。六经言性命之理，皆形容罕譬，江汉秋阳，渊渊浩浩，其一隅焉。佛、老何独不然？读者弗察，而支离影响之谈，为世大惑，不容不明辨之也。

一性也，曰仁、曰诚、曰舍利、曰金丹，异名而同实，性外无道，道外无人也。

乾坤其易之门邪？万理统于乾坤，而日月为之枢。知日月则知天地，知天地则知性。性者，天地人所同也。

万物皆气化所生，而性则异于人。尽其性者如天，是以尽物性而有余也。

夷俗之无人伦，无圣继圣以化之也。

中夏之僧羽，则借以养穷民，势不能尽人而家室之。人皆饱暖，人皆从事大学，何患入于异途？

尽性之学，动静交养，本末兼修，非重内而遗外，亦非骛外而遗内。自儒者以后天之心为性，而寂守者或不能理物，于是格外之论兴矣。

致知者，一念之动以至于百为，晰其是非而已。博学、审问、慎思、明辨，其目也。知之即笃行之，即所谓诚身也。僧流静心，源于告子，其不动心也，无以应天下之变也。儒者从其学而疑其不能致用，是以求功于格物。然天下之物不可胜穷，而圣人以一理贯之，女以予为多学而识之者与？孔子已言之矣。

天惟太极而万物生焉，圣惟尽性而万化出焉。至明也，至虚也，至神也。其纯也，天之穆也，其不已所以同，而万物所以皆备于我。

诚身之功，至简而至易也。静以养其虚明，动则慎其践履，以忠恕之心，行仁义之事，死而后已，愚夫妇亦可与知与能矣。

明德始于诚意，故曾子详言之，能不欺其心而后可以入德。求诸事物而不以诚为本，其失可胜计耶？

诚之道大，而以不欺为基，充其量于天地合德，日月合明，由斯道也。世有念念不欺其君亲者乎？自反而自慊焉，是圣人之徒也。

修身以道，修道以仁，不忍之心，所以合天心而孚伦类也。度尽众生，始可成佛；三千阴功，八百德行，始可成仙。儒者斥之，不知特欲立立人，欲达达人焉耳。圣人以天下为一家，中国为一人，岂曰兼爱乎？由爱亲、敬长以及于民物，功施有序而意无涯，孔子曰：果哉，末之难矣。吾非斯人之徒与而谁与。

鸢飞戾天，鱼跃于渊。言道昭著于耳目之前。四时行焉，百物生焉；言天惟尽其功用之实。误会而以为元妙不可思议，儒之所以为禅也。禅宗语录，惝恍离奇，毫无实际，儒亦效之，何以明圣人中庸之道乎？

晋人之清谈、禅家之棒喝、儒者之寻乐处，皆涉于虚锋而不知道在伦常，敦伦必由尽性。至常而至奇，即在于是。无圣师授受，则内外本末之功，知之者罕矣。

上天之载，无臭无声。天生烝民，有物有则。物则者，无声臭所昭垂也。下学而上达，知我者其天，圣人岂自誉哉？天之理即人之理，人天本非二也，尽人合天，无声臭者，岂外物则乎？

乾性坤命，先天纯阴纯阳，离情坎性，后天阴阳互宅。由后天以返于先天，克己也，复性也。其功由养气而基，其境以神化为竟，非圣师不传，非恒久不至。

《周易》独《坎》言心言习，而夫子系之曰：常德行，习教事。知其义者谁欤？

佛氏以莲喻性，周子爱莲而隐其说于《蒙》曰：山下出泉，静而深也。盖知性之寓于命，而未知性之何以复其初。太元游鳞潜渊，知理之基于命，而不知命之所以达于天。伊川初年静心，晚年知命，然其以心为性，固非圣人之全，所以异扬子而不知其同一偏之学也。

由天而之人，由人而合天，其理本于《图》《书》，阐于羲、文，尽于易象。不明其分合之源流、用功之次第，何以知事天之学？对待流行变化，《图》《书》已括象数之全，而尽性立命之学亦由斯寓。故伏羲以乾坤定子午，而文王以坎离代乾坤。先天后天，在造物则阴阳变化所以生，在人身则性命分合所以异，不知则孔孟之学无由而入。

实践伦常，道无余矣。而必言存养者，心性不诚，伦常不笃，且秉质不齐。虽愚必明，虽柔必强，必由斯而始可几也。

孔门岂弗养气？而其时礼乐犹存，故孔子修明之，由博约而入。孟子时礼乐亡而其籍亦为诸侯所去也，故特明养气，养气不动心，即克己复礼之功也。后世祖告子之不动心，祖黝舍之养气，而圣道遂隐，岂一端而已乎？

天之道曰诚，而又曰上天之载无声臭，何哉？一元之理气，弥纶布漫于六合者，无稍罅隙，至实也，而求其所以然则至无。人得此理气而生，反身而诚，其心一天地之心，其气一天地之气，然固非可以迹象窥也。帝谓文王，予怀明德，不大声以色，圣人之配天以此。

乾，纯阳也，坤，纯阴也，乾下交于坤而阴中有阳，坤上交于乾而阳中有阴，阴阳合德，而刚柔有髓，以体天地之撰，以通神明之德。不知其义，奚由尽性而立命乎？

尽性立命，全而受者全而归，圣人所以为大孝也。其理人人所具，其事人人可为。若词章记问之学，必择人而为，且毕世莫能尽也，所谓虽愚必明，虽柔必强者，何耶？

天地之道在阴阳，阴阳之用神矣哉。人身亦然，性不可云阴，而其静而虚含，有似于阴。心不可云阳，而其动而变化，有似于阳。阴阳一太极也。太极何名，性亦若是焉耳。

惟人与天地一，故其实不可言尽，而圣人以诚、敬、静示人，下学上达，不外于斯矣。骛于外，无以养其中，奚其可？

天地，一神气而已。其成形成象者，皆神气之发皇，而其原不可窥。圣人，一天也，其经纶灿著者，皆性命之昭著，而其妙不能测。

神喻为火，气喻为药，以神养气，如以火炼药。乾元一气，曰长生药，养成此气曰紫金丹，讹为五金八石，服之至于陨生，谬矣。坎离，水火也，水火既济曰阴阳交媾。乾坤易为坎离，取其阳以化其阴，返乎乾坤之本然，克己复礼者，此也。讹为采补，流于邪妄，其害可胜言哉？

圣人以八卦明天地之理，而万象骸焉。天地无功，以日月为功，上经所以首《乾》《坤》而终《坎》《离》也。于人则生化之原由于夫妇，生者必化，化者复生，下经所以首《咸》《恒》而终《既济》《未济》也。圣人以生生之理配天地，则曰长生。

贫病死亡愁苦，人情所同嫉也，圣人遂其生，复其性，而天地之缺憾以平，上世之民所以多寿考。

圣人之学，养性即可以养身，故孔子曰，仁者寿，大德必寿。自颜子短命，而却病延龄，方外独神其说，世遂以为圣学不如神仙，误矣。

然则颜子何以短命？人性同而气质不同，原于天地父母者，难以言尽。颜子气清而质薄，夫子喜其沉潜，告语特详，非谓其已臻于纯全也。故其称之曰好学，曰：惜乎，吾见其进，未见其止。用行舍藏，许其志趣之合为邦之事，示以损益之宜。其自言则曰：欲罢不能。迹其所造，盖在美大之间。程子固已言之矣，不然，孔子必寿之论，其虚妄乎？

颜子之学，岂易能哉？世人以其短命而谓有德与仁，不必皆寿，由是求福泽于中庸之外，长生也，金丹也，弃伦常也，甚且邪术百端，是以不得不明辨之，而岂薄颜子欤？

盖人之所以生者精气神，而有先后天之别。后天者本于父母，先天者本于天地。本天地者，分之曰三元，合之曰太极。太极，性也。性无质，以神气为质，精则其凝结之意。未见蹈仁而死，夫子正言此也。不然，而圣人之学，何以寿世、寿民哉？世徒见羽流之养气、禅子之守心，异乎中庸，而不知彼固似是而非。吾儒以求仁为归，养气为要也。

一元之气不贰不息，即诚也。原气之所由来，在天地未有之初，推气之所终极，如尾闾之不盈不虚，无所为今古，无所为声臭也。拟之曰浩然，岂口鼻呼吸之谓哉？

惟养气之学不传，故求仁之功无本。必有事焉。而勿正、勿亡、勿助长，其下学之始也。

养浩然之气至于不动心，则中和位育，浑然在抱，仁熟而义自精，无施不可矣。

虚无寂灭，不动心之极致也，而岂蔑弃伦常，漠然民物哉？不生不灭，物来顺应，当理而止，未尝生事，未尝废事也。不增不减，无过无不及，不垢不净，出乎世俗之外，未尝离乎世俗之中也。昧者流于妄诞，此类盖不可胜言。

金乌也，玉兔也，月中桂，吴刚斧，真铅真汞，龙虎鲤鹏，婴儿姹女，皆性情之喻也。妄为之说，其害何可胜言？炼石补天，黄土抟人，象罔求珠，乌鹊填桥，皆复性之功。偃月炉，黄金鼎，白雪黄芽，借炼药而比，毋以为实象，斯得之。

牛女渡河，阴阳合而复乎先天，非实有事事也。河鼓名曰牵牛，岂牛星哉？

惟道不可以名言，易象亦未尝尽泄，而况他书乎？六经之义，解者犹难，益以百家之簧鼓，而民心滋惑。举其大端以俟知言，非故比而同之，实欲辨而正之也。《中庸》不云乎：本诸身，征诸庶民，考诸三王而不缪，建诸天地而不悖，质诸鬼神而无疑，百世以俟圣人而不惑。是道也，何道也？中庸之道也。尽其性以尽人物之性，困勉可能者也。

不知修身立命之道，凡事诿之于命数，否则以智力求，此人心所以妄而世教所以衰。

人心好尚多讹，非但亲师教化不端，亦书籍之妄者多也。孔子曰：盖有不知而作之者。吾道中人，有一得之明，即衍为著作，又或所见本浅，以非为是，以是为非，以之自用，即以之诲人，简册日繁，正义益晦。儒门尚然，何论其他？若缁流黄冠，未窥佛、老藩篱，故神其说，附会其事，怪诞荒谬，裒然成书，实为佛、老罪人。至百家技术，其谬更不可胜言矣。孔子曰：女以予为多学而识之者与？予一以贯之。果能一贯，斯可折衷万卷。而一贯何以致？非穷理尽性，左右逢源乎？学者当汲汲而自勉也。

家言

愚注四子六经，门人复辑为要语，《杂著》《恒言》，其义尽矣。因儿辈稚鲁，寻常示以浅近语，积久亦遂成编。愚老矣，若辈尚有未解语者，聊存之以俟其日后览记。

止唐书　时年七十有七

立志

为学莫先于立志。志在圣人，久而不懈，至拙亦可为正人。志在庸俗，久而不察不觉，遂入于小人。戒之慎之。

学至圣人，止成就一个人耳。孔子言：文之以礼乐，亦可为成人。朱子曰：亦之为言，非其至者，非圣人之尽人道，不足语此。孟子曰：人之所以异于禽兽者几希。庶民去之，君子存之。去之则为物，存之则为人。存之之人，舜、文至孔子是也。若止推尊圣人，不察其实，令人以圣为不可为，则非。

士农工商，皆可为圣人。以仁存心，以礼存心，爱敬始于亲长，推暨于民物，念念不欺，事事以恕，则得之矣。

天理者，人心之良，无无之者。但财色势分夺之，止图私利及目前娱心，便不顾天理而为之。立志者持以坚忍，死而不变也。

志于名利，为身家妻子而已。名本虚声，无德之名，即时已不齿于君子，何待身后。利不过求安饱，从古圣贤，何尝饥寒而死？德修而福自来，天之定理，彼苍岂靳于君子也。

百工技艺，各修其职，不欺其心，决无冻馁之忧。今人止是畏贫贱，所以立志不坚，反贻伊戚。

困知勉行，及其知之一，成功一，人皆可以为尧舜。孔孟俱言圣人可学也。颜子曰：舜何人？予何人？有为者亦若是。张子曰：三代下学者求为贤人，而不求为圣人，是一大病。此立志之法也。

凡人立志胜人，易生傲慢，惟立志学圣人则无害者，何也？学圣从小心敬慎入手，己之恶惟恐不知，人之恶浑然忘之。质直而好义，虑以下人，无小大、无众寡、无敢慢，何有骄心也。

度量要大，心要小；凡事要敬，气要和；嗜欲要少，理要明；待人要慈，礼要肃；一切要诚，守要久。

人生福泽由天。志于圣人，念念不欺，事事天理，而饥寒患难者，未之有也。故程子曰：仁义未尝不利。今人只见得圣人难学，一切快心逆理之事，目前有利益则毅然为之，不知天理无不善，善人天心所系，行险徼幸，何如居易俟命也。

学圣人而至于饥寒、杌陧，无此天理。若忠孝节义，则虽死而生，配天不朽，非凶祸也。

职业

孔子曰：执御乎？执射乎？吾执御矣。谓人生不可无职业也。孟子曰：矢人惟恐不伤人，函人惟恐伤人。术不可不慎，恐人职业之误也。自古圣贤耕、稼、陶、渔、钓、筑、医、卜，皆可托业，无害于义理而可以赡衣食，即为正业。

第一好事是读书，但须读有用之书，四子五经，天理人情物理无不全备，一一讲明，体诸身心，无不可成之功业。若资性鲁钝，止熟读四子，字字力行，不可作纸上陈言观，已可卓然立于圣贤之林矣。

近日书籍太繁，然必以圣为归。心性伦常，能实践为要。若第务淹博，施之修齐治平不可者，最当择别，乃为善读书人。

学字最能收心，故程子曰：非欲字工，即此是学。书家议论，以柳公心正则笔正之言为要。人品事业无可观，工艺奚益？此傅青主所以不屑子昂也。

诗以道性情，人心自然之音，不可遏抑，非特流连光景，务为工巧而已。近来诗道益盛，名人益多，然过于苛求，必分时代雅俗。将诗道说得太难，三百篇岂皆文人之作？圣王以此观民风，夫子蔽以思无邪，此意当思也。

文字之学，有终身不能解者，然苟大节无亏，或言忠信，行笃敬，不欺不贰，即圣人之徒矣。若必读书能文，始可学圣，固无是理。

范希文不为良相，愿为良医，谓济人利物无逾焉。但人身一造化也，非深晓阴阳，别有心得，反至误人，最当慎之。

卜筮，古人至重，《易》曰：圆而神，方以智，知来藏往，通神明，类物情以此。龟卜之法无传，筮亦非古。近世杂术尤多，第知以课吉凶，而不知吉凶本于天理，违天而求吉，弗可得也。或又以为善未必福，恶未必祸，尤非。

相术可以辅医卜，观其形色，知其心术。善者益勖之以善，恶者勉之以去恶，其益人良多。若奇其貌，惑其心，妄亿将来，启其妄想乱谋，则贼道矣。

天文易知，人事变于下，天道应于上，其兆可知。然君子不贵焉者，圣狂分于一念，补救在乎人心。高允曰：知之又不敢言，知之何益？又曰：天下妙理至多，何必问此。诚知言哉。

三垣四，七常星，理气之散着，人事物类无不可占，惟五星变化不常，乃阴阳之妙，而天地之所以神也。至于推其节候，自有恒法，明岁差，谨置闰，他无难者。

地之难测甚于天，实止天之妙而已。形可知而气不可知，非深窥造化，何以得其脉络精神。孔子曰：卜其宅兆而安之，事亲之终也。又曰：卜其宅兆，魂髓得安焉；且比死者无使土亲肤，于人心独无佼乎？以卜地安亲为非者妄。

凡有益于民生之事，君子不弃，本之心术，正其五伦，笃其爱敬，无器非道也。

圣人无不通术数者，以理为宗，不偏任之，故名一艺者皆庸，入奇邪者必斥。

正始

人性皆善。其有不善者，受气清浊不同，既累于质，父母师友不正，又习于非，所以日渐牿亡，故正始要焉。

天地大父母，父母小天地也。人为万物之灵，若无天地，尚无父母，何有我？虽有天地，若无父母，又何有我？人生之初，受气于天，成形于地，形气之累，天命之性微焉。生安学利困勉，由是而分。夫子曰：未知生，焉知死。所以长生而不死者，性也。所以由生而入死者，心也。以心为性，前人谓之认贼作主。

得天之理同而气质不同，耳目之于声色，口之于味，四肢之于安逸，孟子不谓性焉，以其无理宰之则妄也。

孟子言：耳目口之欲同，人心亦同。其同者理义，理即性也，义见于外者。然气质之欲，亦有不能同者，若嗜痂之类。理义则无不同，故曰：性善。但性之所以善，非告子辈可知，故孟子即情之善者以言，善当扩充。赤子将入于井，皆有怵惕恻隐，可见人皆性善。其实情不尽善，龙子犹等谓圣人皆是有情人，似是而非，最易惑人。圣人性定，故情皆善也，凡人安能？

惟禀受难齐，故圣人有复性之学。变化气质，归于中和，己之性尽而祖宗父母之性亦正，为天地之完人，圣人所以为大孝也。

祖宗父母，岂必皆圣贤？尽性践形，以天之理事其亲，而善则归亲，过则归己，存顺没宁，必致其亲于圣贤而后已焉，斯为孝子。故曰：不诚乎身，不能事其亲。

由父母而上溯，理气之所由来，极乎无声无臭矣。圣人之孝，岂止荣亲已乎？故曰：知禘之说者，治天下如示诸掌。

世俗之所谓孝，往往非孝，一毫不合乎天理，而亲之德损，己之职亏矣。故夫子推广其义而曰：伐一树，杀一兽，不以其时，非孝。

亲在则必谕亲于道，致其亲于圣人，而尽诚、尽敬之仪必周。亲没则视于无形，听于无声，而一言一动之非必绝。故曰：孝子者，非终父母之身，终其身也。

忠孝者，臣子之职也。而为君父者，又安可不自正其身。孔子曰：知为人子，然后可以为人父；知为人臣，然后可以为人君。君为臣纲，父为子纲，纲不正而何以求于臣子？夫之为妻纲也亦然。故曰：壹是皆以修身为本。身不行道，不行于妻子，使人不以道，不能行于妻子。

人生受气于先人，为之先者，其自修何可缓也。世言醴泉无源，芝草无根，不知其根源在天地，非形质可求也，德积于微芒，气成于有象，为祖宗父母者，其可忽焉？

尝见有前人积累生贤俊而自戕贼者矣，未见有先德既非，而犹毓圣贤者也。材能技艺则有焉。

亦有祖父子孙，贤、不肖相间，而其后卒昌者。《中庸》曰：德𬨎如毛，毛犹有伦。人心之隐微，固非形迹所能尽，天地神明固不爽也。且君亲师司补救之权，有教无类，岂患薄植乎？故曰：犁牛之子骍且角。

蒙以养正，圣功也。贤亲师本身作则，幼束之于礼义，长道之以中和，非圣之书勿视，非礼之事勿为，其庶几乎。若言行动静，古人成法，则必择宜而用之，迨十五而入大学，意诚、心正、身修，久久何忧不德也。

小学之法，今不可尽行，蒙养规为，前人已备，大抵皆制节其外。然人心易肆，非有以养之于中，不能不逐物而迁，故十五以后，即当从事大学之道。

《大学》以诚意为要，故曾子详言之。开端以毋自欺与小人自欺，反正明慎独之故，而即叹之曰，十目、十手，其严乎？盖人心秉阴阳之灵，灵者鬼神也。天理本天，天者鬼神之本，畏天命安得不敬鬼神？于一念之动，善即行，恶即去，此慎独之功，即所谓诚意也。但非致知，何由知善恶而趋避之？致知之道奚在？切磋琢磨是也。四者内该学问思辨一切求知之事。瑟僩则诚意之功密，赫喧则诚意之效著，上文德润身内亦赅得赫喧意，此又因《诗》言而连及之耳。至于不可諠，是德之已成，引《诗》连类而及，是以不得不顺绎之。但不可諠，必有实事及民，民始不忘，故又引《诗》详之。而其实以德及民，必由自己明德，而明德之功，不外诚意，故引康诰、太甲、帝典言，皆自明其德，而明之之功，总不外一诚字。苟日新，自明；作新民，以己及人；其命惟新，以明德合天。推明德之功效至于合天，要不过从诚意始耳。第诚意必得所止之地。人身太极之所，是天地之中，先天受气之本。诚意者，收放心于此，养其虚明之本体，而后意可诚，明德有基，故引《商颂》喻所止之地，引黄鸟重知止之人，引文王言敬止之实。缉熙敬止，言其内也，内不可以名言，则即外之敬止明之。著乎外者本乎内，非意不诚而可以倖中也。究之，意诚与否于何验之？而人孰知之？引夫子言，即听讼一端，言不诚者争，诚者畏，可见《大学》以修身为本，而修身在明德，又以诚意为本。夫子之言本，与曾子之言本，是二是一，非两歧也。前人不识诚意与止至善实际，割裂分章，令欲明明德者无从入手，安得不辨？

意者，一念之动也。动而多妄，由静而无本，故诚意便有止至善之功。在至善者，人身太极之所也，太极者何？上天之载，无声无臭者是。《传》曰：民受天地之中以生，所谓命也。得天地太极之理而生，故万物皆备于我。而有生之初，性所以无不善，及形质具而七情扰，有生以后，性不能皆善。《大学》明明德，复其性而已。复性非但强制其心，必养浩然之气，养气于何？在至善之地。静而养其未发之中，以至虚为主，能静然后知动。诚意者，静则葆其虚明，动则察其非礼。曾子所以教人求自慊，毋自欺。果能自慊则德明矣，故有润身之效。前人以为心即意，诚即止也，不知诚意者，守中抱一以养其虚明；正心者，变化阴质以企于纯粹；其功效次第不同，因师授未全，故其说多偏。此当实致其功，不可以文字传也。

诚意者，诚其所知也。知何以致？学问思辨而已。天下古今事物之理无穷，安得而尽知之？以五达道为主耳。圣人礼乐法度，皆所以维持五伦。五伦之境遇不同，随其常变，守经达权，行之各尽其道，即是圣贤。知者知此，诚者诚此，非极天下之物皆求其知也。曾子言切蹉琢磨，示人致知之道，其中该却许多功夫。知之即诚之，如知孝即真孝，知忠即真忠，非徐徐求其知，再徐徐求其诚，二者一时俱到，所谓知之真即行之力，行之力则知之益真，自然之功效也。宋人理学本于濂溪，濂溪师海微，禅家以养空空之心为了性，力持此心，久久至于常静，亦有一番空明之趣，谓此即诚意正心之功矣。第寂守此一心至于空明，修齐治平有许多经济，安能为之？前人觉其失之太空也，故以致知格物为物物而格之，然天下之物，不可穷诘，即如山川物产，非亲履其地，圣人亦不能知。陆象山云：吾格庭前竹子，十日格不出义理来，亦非无见。圣人止是尽性以尽人物之性，自天子至于庶人，各有当尽之道，皆优为之。至于百工技艺，名物象数，岂能尽知？所知者，日用伦常之理耳。自格物之义起，而古今才人穷搜博览，求其无所不知，而忠孝仁义反若不知，由其未能存心养性，私妄胜于天理也。故致知诚意，为《大学》第一先务，此处错则一切皆错，安得避忌而不辨之？

十五始入大学，自七岁以上，止可教之以浅近礼法，前人言之已详。大抵戒以勿妄言，勿妄为，习为端庄、恭敬、和平、谦让，毋近小人。父母旦夕相处，尤当自正其身心，事事为之表率，而又慎选明师，多交益友。少而习焉，长而安焉，则成人不难矣。

其言止至善即在诚意时，何也？人身一小天地，天地之浑然不动、粹然至善者，太极也。太极在何处？中也。人身亦然，其受气之始，理气之浑然粹然者，一太极之全，故能蕴于无形而生化五官百体。迄乎有生以后，则情识生而天命杂，得天之德明者不明矣。知其所而止焉，收视返听，基命宥密，至虚至静以养未发之中，缉熙敬止，止此而已。如此而后，意动必知之，知之毋自欺，久久无念不诚，则明明德之始功立矣。不然，未静养其中，何以知其意动而诚？前人以止至善为外事，抛却内养一段实功，不知外本于内，致中而后致和，若内不能敬止，外又安能止仁、止敬？因心性之实功既不能备着于文字，而师授复隘，圣学之全，其晦久矣。

然则明德为性，而《大学》一书言心不言性，何也？性即明德，明明德即尽性，心正即德明。性不可见，于心见之，心不皆正，能明则正之，而诚意则其本也。故曰：此谓知本。

人之至灵者，心也，舍心于何言性？盖心在先天，浑然无为，即心即性也；迄乎后天，纷然有觉，心不尽性也。由太极而两仪而五行万物，天地之后天亦不侔于先天，由一气而阴阳，而七情嗜欲，人之后天，安得同于先天？《周易》一书，天人万物之理尽矣，于《咸》取其无心之感，为阴阳生化之原，独九四一爻为心，而憧憧往来，朋从尔思，岂得为性？故夫子《系辞》申言之而叹以何思、何虑。若性之一字，固未详言，然于《乾》曰：乾道变化，各正性命。大哉乾乎，刚健中正，纯粹精也。则乾之为性已明。文王于《坎》言习、言心亨。夫子曰：君子以常德行习教事，学而时习之。非性何所习？非正心何由复性？道之秘也，圣人亦不敢尽言。而未践其事，徒执一偏以教人，人之任心而为，日失其性，岂不由斯乎？

然则性不离心，心不尽性，存其心，养其性，至于从心不逾矩，则心皆性，性即心，不可强分也。岂特心外无性，亦心外无天。在天曰太极，在人曰性，一而已矣。

然则意非心乎？曰意，心之动而难制者也。心有何象？著于身而有象。性宰乎心，理至粹而气至清，非心之阴阳杂著者可比。其在天地万物皆理气所发皇，而阴阳二气，错综参伍，淆杂之，则人耳目眩矣。其在人身物则皆天理所散著，而阴阳之灵，邪正、美恶、互出之，得天之性微矣。初入大学者，安能浑然至静，但念念存虚，收放心而止于至善，庶几意动即知，知之而诚于好恶，此为入德之始功。然曾子推其功效，至于润身，民不能忘，何也？诚意之功，初学以此，即神化亦不可离此，惟圣罔念作狂，夫子所以犹待于假年寡过也。

究竟诚意、正心何分？曰：诚意者，闲存之要；正心者，充实而有光辉之时。意以动之几言，心以全体言。好乐数者，含于心而听命于性，性定乃能各正，故曰正心即性也。

以格物为格去物欲，司马温公、王阳明、杨升庵，皆如此说，人多从朱子说而非阳明。然象山、阳明、朱子皆以心为性者也，其教人则象山欲人先静心，朱子欲人先穷理，后遂判为两途。然心之私妄不除，安能穷理？故陆、王较朱子之功为捷要，但其所谓静心者，只是养虚灵之心，资质轻清者，静则生其明慧，而实后天之阴神，非先天之阳神，此禅家宗旨，告子之不动心也。心性之辨，微于毫发，不置心于无用，而以性为主人，由有诸已至于化神，功效次第，固非一端，岂能以言语文字传乎？

何为物？孟子曰：耳目之官不思，而蔽于物，物交物，则引之而已矣。凡耳目口体一切可欣、可羡之物，来于前即动乎中，若不知省察禁绝，心随而逝，气因而昏，即习之以诗书，约之以礼法，莅之以父师，亦不能使其智识清明，专志穷理。故须格物，而后嗜欲日少，天机日生，以此致知，始易知也。

若词章博洽、才技灵慧等事，则知之也难。若止外循礼法，内克邪私，循循于日用之间，讲明忠孝仁义，敬慎不苟，则下愚皆可以渐次晓然。以无所不知为知，则中下之材，必至无用，而上智之人，务广徒荒，谓日用伦常浅近易知，实无能知者，其误世不少也。

君子之道，愚夫愚妇可以与知、与能，故古今忠孝节义之士，目不识书者甚多。圣人所不知能者不少，惟其心正而身修，至明至虚，用天下之才，尽天下之理，无不各得其宜也。后人视圣人为神奇，而不知圣人止是人伦之至，人人皆有五伦，人人可以尽道。不知大学实功，疲耳目，役心志，终身无有已时，而修齐治平，实天下罕有能者，朱子所以叹之也。

古今人情物理，四子六经尽矣。历代儒者又申言之，格言正论，曷胜屈指。而愚必以诚意正心为本者，万事万物之理皆在于心，心意不正、不诚，无一可以正与诚者。意诚则知止，而定、静、安可以虑而得矣。又涵养极熟，变化其气质之私，而归于中和则心正，心正而身修齐治均平，以好恶絜矩天下不难。此大人之学所为，以修身为本也。前人以心为性，故多方使人强治其心，而不知心本虚灵，必有性以镇之。性于何复？必由养气而后不动心，其功返求即是，尽人可能，特非明师不授耳。

不明乎善，不诚乎身，致知即明善也。善不易明，且先剖邪正两途。如忠孝仁义大节，凡言行动静，不敬而肆，不诚而伪之类，父兄师友即裁正之。从家庭日用间行去，大概宁厚毋薄，宁拙无巧，宁过于小心，勿过于疏忽。贤父母以身先之，明师友以道诱之，知之即实心行之，则善日以明，意日以诚，功夫一时俱到，非今日知之，明日始诚之也。至于古今事物，不可胜穷，亦惟择其要者学之，故夫子曰：有弗学、弗问、弗辨、弗思、弗行也。惟有不必学者，故曰择善，岂欲人穷极耳目心思而后为知哉？即诚之一字，亦惟诚其善者，非不当诚而亦诚，故曰：有弗行也。《易》于《无妄》曰：元亨。美矣。而即继之曰：其匪正有眚，不利有攸往。夫子释之曰：大亨以正，天之命也。其匪正有眚，不利有攸往。无妄之往，何之也？天命不佑，行矣哉。以正而诚为天命，不正而诚天不佑。圣人欲人以正以诚，受天之佑，即善不积不足成名之义也。若必物物而知，事事而诚，诚于善则可，诚于恶，将奈何？知之而有益于人伦日用，诚不可不知，知之而无益于修己治人，何必知之？此最不可不辨也。

圣人亦不能尽知天下之物，尽能天下人之所能，惟心正而身修，以一理贯万事，凡天下之才能，无不收其用。子曰：女以予为多学而识之者与？君子多乎哉？不多也。一何以贯万？仁熟则义自精也。

自一念以推及于念念，自一事以推及于事事，无不得其正，无不存其诚，而身修矣。君子之守，修其身而天下平。

初学以存善心、言善言、行善事、交善人为主，习而安焉，非善自不能入矣。

颜愚、参鲁，载道之器，故学贵诚笃；寡欲清心，入德之门，故功先克己。

今世礼法疏矣，然正其衣冠，安其步履，慎其语言，尊其瞻视，戒其浮华，务为宽厚，以敬居心，以诚接物，以不闻过为可耻，以不知道为非人，而又有贤亲师善诱之，奚患不为君子？

德修于身，则在家为孝子，出外为忠臣，穷如孔孟，达如伊周，不过本身心之理以及于天下，非明德时有功夫，治民廷献时又别有一段功夫也。尽其性者，即能尽人物之性，修己以敬，即能安人、安百姓，圣人岂有两副本领哉？

是非

明善然后可以诚身，而善不易明，故必辨是非。

是非者，天下之公理也。民之秉彝，好是懿德。忠臣孝子，义夫节妇，属在旁观，虽恶人亦知其美，及身亲之而是非颠倒，昧其天良，小则为乡愿，大则紊刑赏，故圣人必慎辨之也。

是非不易明，非礼之礼，非义之义，惟大人乃弗为耳。存其心，养其性，天理熟则好恶公。苟未能然，勿为心上过不去之事，勿存事上行不去之心，常顾天良，勿徇世俗亦可。

修身止是全其为人之理，岂因知人美恶而然？但人之美恶不明，取友则比匪，用人则误世，故孔子曰：不患人之不己知，患不知人。

知人必先明理，理何以明？即圣人之言，反身而求，勿稍自恕，又得贤父师善诱之，可渐几矣。果能反诸己身，无有不仁、不义者，一见自能了然。

致知之学，止在随时随事体察是非，能知之即毋自欺。若广见闻，穷物理亦止随其身之所接，明辨而去取之，不必务求淹通，反荒伦常之事。夫子行有余力则以学文，即是谓也。

格，至也，益之曰穷至事物之理，穷至即致字之义，则所谓格物仍是致知耳。若以物为日用伦常之事，则格之即所以致知。以物为凡天下之物，则物不可胜穷。而耳目所不及，心思所未周，圣人亦有不知不能。夫子言择善，固曰有弗学、问、思、辨也。名物象数，技艺百工，岂能尽知哉？且何必知之也。

攻其恶，无攻人之恶。反求之要，何必求其知人。惟学必借资于人，非见贤思齐，见不贤内省，何以集益于己。不知人，则贤不贤又安能辨？

自孔子以前，是非皆决于孔子，然亦竟有孔子论定而犹多异说者，如汤武征诛之类。不得其实，则圣人亦受冤诬，其他忠贤无论矣。愚于四子六经明辨之。非敢一毫臆说，仍以圣言折衷之耳。

圣人虽远，其言存，即其人存。心性伦常，一一实体而深造焉，则圣人之志事如在目前，因而随时随事，见得道理满前，独善可，兼善可，富贵贫贱、夷狄患难无不可，尚友古人，进退百家，何有哉？

必指摘前人以鸣所得，则小人之尤，圣人所必诛也。惟是前事者后事之师，君子者小人所则，一言误解而启后世以乱萌，一事误会而歧天下以向方，如北面为臣借口征诛，三年无改，厉阶绍圣，孔子大管仲之功而孟子不屑，孔子尊周而孟子不然。凡若此类，其间是非异同，不明辨之，贻害匪浅。孟子曰：予岂好辨哉，予不得已也。可以思矣。

书传之讹杂不少，世俗之误尤不可胜言，姑即五伦约略言之。忠孝，人伦之本，人人知矣，而忠孝于何见？孝子必忠，忠臣必孝，此定理也。而古今来有忠不皆孝，孝不皆忠者，一节之忠孝，非其至也。

至孝至忠者，不贰其心。其在家也，惟知慕父母，左右就养，时时有父母在于心目间，尽诚尽爱，必敬必周，固已，而明善诚身之学尤先自尽，以此事亲，必求谕亲于道。孟子曰：不得乎亲，不可以为人，不顺乎亲，不可以为子。顺亲得亲二者，常相妨也，舜能尽之，所以大孝。今之孝者，奉养承欢，已为难矣。至于诚身事亲之理，知者则希。事君亦惟尽职奉公，若以道事君，念念勿欺，事事爱敬，则罕其人。

岂古今忠孝皆不足取乎？非也。一念之诚，全忠全孝，正气不磨，即可与日月争光，但以圣人拟之，则不尽全美耳。至孝者，常则谕亲于道，致敬尽礼，变则与亲同休，不计死亡。至忠者亦然。

孝子以成亲之美为大孝，舜、禹是也。舜致其亲于底豫，至禹不克救其父于羽山，疑有歉焉。然平地成天，郊祀竟以鲧配，盖己身即亲身，功德皆亲有，干蛊之善，无逾此也。常人果能以德修身，至于心合天心，理合天理，则全受全归之道已尽，虽贫贱亦大孝也。诚身乃可事亲，忠君莫如爱民，此义切宜知之。

忠孝一也，而事亲其本。君臣以义合，孔孟之爱君，甚矣，而枉己不可，非自尊也。事君必以道，苟进则道失矣，更何以匡君？故凡圣贤伏处，皆有忧国忧民之心，其君不知，惟以爵禄羁縻之，不知能爵禄之者，即能奴隶之，国计民生，实无可倚任也。此处是非，最当辨之。

父母有过，阿意曲从，反为大不孝。若有大过，必委曲解救，毋使其事毁德，若不幸而至于殒身，己亦不独生也。但父母之过，不惟不可出诸口，亦不可存诸心，负罪引慝，常以谕亲于道为务。至诚而不动者，未之有也。

若臣之事君则不然。念覆载生成之恩，无君尚无父母，何有我身？但进是退以义，必有致君泽民之略，乃受君禄，否则不敢。或小人在位，荐剡无人，即有荐拔而无能展经纶，亦惟伏处。孔孟所以不为忘君也，其爱君之心，有甚于食禄者，而特以苟且干进，无益于君，徒丧所学，是以不为也。

求忠臣必于孝子之门，为其天良真切，必不忍欺其君耳。兄友弟恭，人知之矣，而罕能者，兄恃其为兄，弟不安于弟。《书》云：孝友兄弟。凡孝子无不友恭者，以父母之心为心故也。一动念于父母之爱子，而兄忍薄其弟，弟忍慢其兄乎？但兄弟以恩合，不可计是非，是非明则争辨生，伤情谊矣。其道惟以仁让。舜于象之杀己，且忘之矣，况其他乎？夷齐可以得国，且让之矣，况财货乎？阳城不娶，以爱其弟，王览分劳，以爱其兄。兄弟相爱尚已，其或不伦，则不执理、不挟势、不计财、不听谗、不宿怨、不独享富贵，不日久而渝，随时随事不离仁让，亦可以告父母矣。

舜，兄也，卒化其弟，周公，柳下弟也，不能化其兄，分之尊卑异也。然尽爱尽诚，必不自恕，故不累其为圣人。

兄弟不能相强以道，圣人之遗憾也，若周公、柳下惠，是未能自尽其道者，不得以之借口，尽爱尽诚而不能化，世亦无多人也。

后天八卦，乾老而长男用事。为兄者先事父母，凡父母之嘉言懿行，皆先亲之；弟后起，而父母或已衰老，即弗衰老亦不能尽教诲之，必为兄者以身为倡，言行动静心术俱问心无愧，可以为弟法矣。而更笃爱之，凡衣服、饮食、财货宁已不备，无使弟有不周，宁使其弟无知，不可已或无礼。贤者诱之以忠正，惜其力，惜其心；不贤者，养之以恩情，宽其责，尽其教；若缪彤之自提，万石之忠厚，推类行之，时时念及父母，斯为贤兄矣。世之为兄者，每自恃其尊，以气淩之，以严督之，不知兄弟怡怡，兄非父师比也，父子尚不可责善，况于兄弟？又或私妻子，重赀财，强凌弱，智欺愚，此等不知有父母，何知弟兄？武王所谓民彝大泯乱，刑兹无赦者也。

谚曰：长兄当父，长嫂当母。误解者竟以父母待子之道施于其弟。不知当父母者，为其当分父母之任，体父母之心，凡父母之欲为而未为者，皆自任之，以仁以让，以公以诚，笃爱其弟，不待父母劳心也。

为弟者敬兄固已，而必真爱，乃能真敬。念父母者，无不爱于兄弟，凡事一以仁让行之。兄而贤，师法之，兄而不贤，敬让之。孔融争代其兄之死，伯道独全其兄之儿，更何有争赀财私妻子之念？究之融争死而兄弟俱生，伯道全兄子而后亦生儿，天理既全，天自佑之，自然之感应也。

兄弟当各尽其道，不可互相责望。诗云：此令兄弟，绰绰有裕；不令兄弟，交相为愈。果以父母为心，痛念父母，安有不痛念手足乎？

忍也，不听妇人言也，古人之言是也。第忍非勉强忍耐，直忘之耳。如舜于象，忘其杀已。不听妇人，谓离间之言，非规谏之言，当辨别而行之。

夫妇，人伦之始，万化之原，君子之道，造端乎夫妇，男女正，天地之大义也，圣人言之至详。今人将此事忽略，所以修齐无本，其弊大约有数端如下：

一曰女生外相也。女在阃时，已外视之，故以训化为缓事。不知外相者，外相夫家。将何以相之？非德乎？从古圣帝明王，必有贤妃。妻者，齐也。其分同必其德同，德岂必皆天授哉？贤父母表率之，姆教玉成之。今之爱女者，富贵之而已，一切修身宜家之道弗讲，求媳者亦然。即有知者，亦第求其能操作，解恭顺而已。又因有才者多不贞，并诗书当学者不学，家庭族党所见所闻，不出势利二字。及于归以后，遇翁姑、夫子不易事者，并无道以处之，以致争讼死亡等祸接踵而来，丧家丧身，比比皆父母失教之故也，是故女不可以外视。

一曰妇人难化也。男子读书明理，见闻广博，犹且不克修身，妇女深闺之内，除却父母至亲，所见无非女流，又少读书，习于琐事，若非贤父母与贤姑、贤夫委曲教化，安能迁善？愚观古今不肖妇女，皆由少小失教，长无令人，习惯而成。为父母姑与夫者，试返心自问，所以正身立法，教女教妇之道，果能仁至义尽否？而以妇人难化置之，圣人何尝有是言？

一曰误解经义，夫纲不立也。《易》曰：地道无成而有终。其无成也，以其不能主外政；其有终也，以其可以成夫德。天地一夫妇也。水火土木金，天地互为生成，所以为阴阳生化之本。上经首《乾》《坤》，下经首《咸》《恒》，《乾》资始而《坤》资生，《咸》初偶而《恒》克家。《家人》利女贞；夫子申之曰：男正位乎外，女正位乎内。男女或有不正，而可以齐家治国者，有之乎？

后世徒见长舌为厉，牝鸡司晨，以为妇人不可以假之词色，防闲之，贱辱之，至于贤淑亦被鱼肉。岂知夫纲不立，是非不明，已实多咎，何责妇人？周家代有圣妃，岂其妇翁皆属圣贤？亦由太王、王季、文、武咸有圣德，陶成而变化之者至深。《关雎》为《风》始，又继以《葛覃》《卷耳》，一表后妃之齐家，一表后妃之忧国。至《思齐》一诗，周公特明其先代之阃教，推及于《离宫》《肃庙》，成人有德，小子有造。误解诗言，觉圣德王功，内助全无，而《螽斯》《麟趾》，不过能不妒忌，多男衍庆而已。然乱臣十人，有妇人焉，夫子固以邑姜、望、散同称，而周公制礼，以《关雎》为房中之乐，天子庶人，咸此一致，又何以故？此夫妇之义，所以为成己成人之原，不可偏废也。

一曰家教不正也。衣食所以养生，仰事俯畜赖焉，故勤俭为贵。然勤者勤于职业，不荒不怠可也。俭者俭于自奉，不骄不奢可也。若必殚精神，疲心力，昼夜苦求名利，而不知积德行仁，则小人之勤，所愿未必得，而身命且瘁；竭智术，殖货财，私心以期长久，而不能济人利物，其俭也，小人之俭，所蓄未必丰，而转瞬消亡；安得不辨之？勤俭二字，本于《尚书》。禹之勤，勤于邦也，非一人之私；禹之俭，俭于家也，非济人之事。夫子称禹无间，菲饮食、恶衣服、卑宫室，而临政、事神、利民则不然，此勤俭之则也。世人持筹钻李以为勤，守财吝施以为俭，其传家然，其娶妇所望者亦然。故有行仁好善者而以为愚，温柔敦厚者而以为拙。有疾则恶其弱，有德则恶其迂，必强之以力所不能，迫之以势所不及，孳孳焉无停晷，纷纷焉无体恤，不如意则曰逆也，从其令则曰恭也。其实所求不过衣食之事，所急并非仁义之行，以此责望于妇人，以此贻谋于孙子，贤者亦为所累，不贤者必生悖乱，其究名利亦不能久，而后世且蒙其祸，不大可慨哉。

然则勤俭可以无庸乎？非也。孔子曰：敏于事。敏即勤也。吉人为善，惟日不足，君子终日乾乾，夕惕若止，是心常在理，惟恐失却善事，亦非必忘身以徇也。况身家衣食之计，求之有道，得之有命，勤职业，修心术，以俟命可也。至于俭乃美德，然昔人有云，啬于己不啬于人曰俭，啬于人不管于己曰吝，可以知其是非矣。

一曰好德不如好色也。妇人以德为主，有德则正身齐家，上承宗庙，下延子孙。奈人止知好色，女未出闺，即以修饰为务，于归尤以貌为作合之本，情欲之感，燕私之意，相为亲昵，久久遂成骄纵，夫反畏之。昔人谓惧生于爱是也。又或翁姑姑容，不诲以正，女家护短，更起争衡。其貌寝者至无人问名，幸而有所归矣，夫家贱恶鱼肉，以此酿祸败伦者尤多。甚或不肖之姑，以女贫故，以貌陋故，百般凌贱，自恃其尊，即有才有德者亦受其祸，至于死亡。此等不仁不义之事，必赖贤有司纠正之。然则如何？丈夫修德善处其变，女子有德曲全其恭，可以弭之，而难以责望于中人，其惟以德为重，以色为轻乎。相亲、相睦、相观而化，然后夫妇以和，家道以兴。孔明择妇，娶得阿彦丑女；许允好色，见讥于妻；梁鸿、孟光，千古高谊，何不思之？

不正夫纲，纵其妻为恶，天下之罪人也。不自反求，虐其妻以逞，罪又甚焉。无过不及，合乎中正，安得不赖修身之人？孔氏三世出妻，必无之事，前人已辨其非。七出之条，无子恶疾亦出，决非圣人之法。若己身正而化导之方又至，犹然怙恶，则出之可也。然总不如慎择于问名之时，勿徇于财色之见，乃不至后悔。

圣人无事不反求。《易》曰：夫妻反目，不能正室也。则所以正之者可不务欤？

朋友所以辅仁，夫子于五达道惟友言交，以交乃为友，不交则非友也。何为交？道相合，志相孚也。友必择交，交以辅仁，若势利比同，适足为累，且非道义之友，相资者切，相信者深，未有久而不渝者也。豪侠义气，亦有贤者，但宜观其相与中正否，不然则亦比匪之类。

诗书所载，孔孟所言，凡择交、固交之道已详，历代名人，又反复推言之，史传得失，亦分明记之，无俟更为赘说矣。要惟自端其本，穷理修身，乃能至明以别贤否，至虚以从人善，至诚以通心性，至敬以期久要。

孔子于教弟子即曰：泛爱众，而亲仁。二言可以终身矣。至集益之法，择其善者而从之，其不善者而改之；见贤思齐，见不贤自省。无处无友无时不可以有裨，惟在虚心力行之。若以滥交为戒，必择贤者而与，则风裁过峻，视己高而视人卑，不特无益，亦易贾祸。

不曰坚乎？磨而不磷，不曰白乎？涅而不淄，人心自果有真得，则虽交满天下而不失己也。

天下安得有全才？人心亦复多变幻，取其所长，弃其所短，可以无弃材；周而不比，和而不同，可以免党恶。

师在友之内，而圣人未显言者，何也？师无当于五服，五服弗得不亲？其谊同于君亲，但无愧师者有几哉？且百工技艺皆有师，师之贤否错出，能自得师者，其平日立心制行必能不苟，一遇贤师，自知尊礼受教，七十子心悦而诚服，岂孔子强之哉？若封己自是，轻师慢友，是其自菲，亦复何损于人。

《孝经》言严父，《易》言严君，《礼》曰师严然后道尊。于是父师以严为务，非也。为人父，止于慈，中也养不中，才也养不才，父子之间不责善，安有尚严者哉？师谊等于君亲，孔子曰：视予犹父，视回犹子。循循善诱，诲人不倦。曷尝有严之说？严，严正也，严惮也，父师饬己禔躬，尊严方严，子弟则效观瞻，严恭严惮；家人有严君，父母之谓，亦此意也。此理不明，贼害伤义，贤者以过严而不终，不贤者以病严而他惊，立德立名，俱无可望，岂非书旨不明之咎乎？

五伦皆必赖师而明，愚屡言之，兹不复赘。

养生

守孰为大？守身为大。必有此身，才有事业，而保身不易也，须细思之。

理具于心性，心性，神气之灵而已，其凝结者为精。神、气、精有先后天之别，先天神气精得于天者也，合之为太极，存养心性，复还受中之本然，则太极全矣，圣人之所以配天。养其凡神、凡气、凡精，不受阴阳之灾沴，则气质坚矣，志士之所以延龄。精、气、神之三元，非可外乎三凡也，譬诸金玉，无沙石何以生之？而检金于沙，求玉于璞，究不得谓沙石即金玉也。

然而孟子所谓践形者何也？沙有金而光明，横流不能冲决，石韫玉而山辉，星月并其寒芒。人身一理，气之充也，尽性践形，则根心生色、睟面、盎背，物则之昭垂，莫非天理之洋溢。及其终也，形骸蜕而性体长存不朽也，长生也。朝闻道，夕死可矣。此之谓也。

圣人之学，养性即可养身。后世以为养身者，方外之士耳。然自古圣人无不长年，仁者寿，大德必寿。孔子已言之矣。盖人之所以生者，神、气、精而已，若先天太薄，气质脆而神气弱，有未成人而殃者，乃其受生之始，得天地父母者使然，颜子短命，盖由乎此。儒者不察，以为仁者不能延年，曷不思孔子之言乎？张惕庵曰：长年，古人常事。子夏、子思俱百四十岁，孟子亦百四十岁，而人以为八十岁，甚有以长年为怪者，不知修身立命，圣学之常。老子曰，人生不过百年，节省之可至千岁。其有所试矣。

守身之道，摄养也，诚身也。幼即束身于礼法，长即力戒乎邪淫，起居饮食之必慎，寡欲清心之必严，而又存养有功，比匪无诮。房闱之正，且节而又节。外色之禁，绝不待言矣。一念之非理，克而又克，言行之伪妄，更无论矣。内清其神明，外习于中正，凡可以伤生毁性者不为。父兄师友督率，孩提讲明之，垂老不易之，而犹患中折者，未之有也。世传摄生之术甚多，苟无害于义理，皆可以行，特内外交修，本末交养，其理即在日用伦常之间，其事该慎疾、修身之全，非他术可比，学者尤当务也。

少年以色欲为第一戒，寿夭每由此而分。世有赋质之健者，幸免死亡，以寡欲养心为迂，相习成风，谓圣人不禁内欲，甚且形为歌咏，附以杂说，穷极奢纵，描写情形，梨园演之，风俗化之，害及宇内，天理所不容，神人所共愤。有志斯民者，当罪遣之而力正之可也。

男女居室，人之大伦，以其为风化之本也，岂情欲哉？

夫不克正其妻，妻不克规其夫，相狎爱而不能久相保。堂上白发，膝下黄口，置之不顾，至愚至不肖，可恸也。

不近邪人，不闻邪语，不见邪事，不观邪书，幼如是，长如是，其庶几乎。

五伦之是非明矣，而又能力行之，则天下定矣。至于保身一事，立命之本，故兼及焉。若夫天下古今万事万物之理，是非杂出，难以言穷，要惟心正而身修，义精而仁熟，则以一贯万，无不了如，此非空言所能晓也。

剩言

门人既编愚《恒言》与《槐轩要语》《杂著》并行，偶检敝箧中得此，其义不出上三书所言，未忍捐也，复付二三子使存之。

天积气，地积形，形气相依，宰之者曰神。

理者，天之经，寓于神与气而不朽者也。惟神无迹而气可见，君子体天之经以养其神，而气因以不敝。

气之清浊厚薄，地运与人心为之也，若其受天之中者，未尝不同。圣人教人养气存神，所以化其薄浊之原。天清地厚，乾坤之本然，以后天之神气为先天，三教所以杂也。

太极浑然，而天地位焉，使有杂则不能久，然而人物判焉。日月运行，山川亏蔽，是以蠢灵清浊不侔，然则形累气也。惟人亦然，先德所感，山川之灵以应，而智愚殊矣。尽性立命以粹其神，肖乾坤者曰大孝。

天地，大父母。父母，小天地。是故圣人事天如事亲，事亲如事天。一念之动而天地知之，慎独者，惧获罪于大父母也。至诚之极而父母享焉，立命者，无愧于小天地也。

天地父母曰四大，四大一大也，诚而已矣。惟诚故不息，而天地父母赖焉，否则朽矣。今之言四大者戾。

父母之生也，未尝尽知其子之隐，而天地知焉。天地之大也，未必独私于圣人之父母，而父母配焉。不以道事亲者惑矣。

道者性而已，在天曰太极。全其性，践其形，人故贵于物也。古之圣人以此为事亲之当然，而惟惧弗当也。外道言孝者，吾惑焉。

孝子尽其性以合天，而精、气、神之本于父母者悉粹矣。显扬孝养，遇或有穷，惟性为天之宝，人子所以全受而全归也。

道备于天地，而人得之以为性。非父母何以有身？诚身之义，全乎先天之精、气、神，而纯亦不已也。

太极函三，元精、元气、元神，之所以本于天地，先天中之先天也。一神两化，凡精、凡气、凡神之所以本于父母，后天中之先天也。养后天之神、气、精者寿，全先天之神、气、精者神。

一阴一阳之谓道，神者，阴阳之妙也。心之灵，其神之识乎？圣人心纯乎阳，诚而明者，性之灵也。常人心杂乎阴，伪而妄者，情之贼也。阳善阴恶，故存神莫要于克己。

善恶生于心，心之善恶不同，气之清浊异秉也。故圣学以养气为基，而流为吐纳者，妄矣。

圣人纯乎阳，天命之性在我也，而刚柔动静，不一其德，故非无阴之谓。常人杂乎阴而更肆之。刚狠强勇，亦阴也。失性则无以承天，而几希其可保乎？故曰：小人阴类。

三元，一元也。由精而气而神，生之理则然。由神而气而精，复性之功有序。

先天之心即性，元神也。后天之心杂情，识神也。由后天以复其先天，故曰尽性。而儒者多以心为性，已沦于即心即佛之说，乃各指其瑕以相争，曷能胜耶？

生安性为心，学利心多性，困勉之性仅矣。然养其清明之气而生其道义之心，欲净理纯，则成功一，故复性而不先养气，必无以存其心。

浩然之气，天之元也。养之者敬静为本，充实而有光辉化神以诣孟子之不动心，非性定之谓乎？

理寓于气，而形质皆其后起。乾元之气即理之粹，而不可以形象求。故曰：上天之载，无声无臭。至矣。仅以散殊之气为气，故孟子养气之说不明。

物必先有气而后有形，理则气之主，而神者理之妙也。神在先天，理气统于天。神在后天，理气主于人。人合天则圣，违天则物，故人功辅天地也。

太极浑然而人自生化于其中，天地非有心也，有夺天地之秘而参神明之德者，天地遂依赖之，而天命恃以不穷。人亦一物耳，而天心系焉。全天心，立天道，形敝而神明不朽，故曰长生。羽流妄为之说，而儒者或以之生之死为泛然，胥失之。

圣贤与奸雄同有死耳，圣贤神而奸雄腐，非徒声称之谓。而儒者或曰气聚而生，气散而死，是未知人之所以配天地也，其不与奸雄以借口乎？

太极统阴阳，而五行布其机，全太极之体而有其神明，圣人故为天之肖子。毁其性者，哀哉。

天地定位，终古不变，气化往来，日月为枢。星辰者，日月之散彩也。真阴真阳之动静，天地神其机而不能不昭著于日月。

人以日月星辰度天，而天固非有形质可定也。地气所烛，在天有象，而天之浑然者其可见乎？

地，直以方也，而气之周于外者为天。日月天地之灵，而人物所以生化也。

南斗入地，北斗出地，各三十六度，观天者之穷于目也则然，而天实不尔。

斗为天关，其气之凝而理之宰，则天帝是也。南北二斗，一阴一阳，消长之机，而无非以日月为统系。

日月星辰，皆非有质，其气之灵聚于上而有然。

星陨为石，石本星之质，而气复藏焉，非有块然悬于上者也。

圣人以八卦发天地之理，而天地固在八卦之前。术家执八卦以形天地，又拘而求之，末矣。

卦数始于《图》《书》，盖天地自然之呈露而圣人象焉。惟其无文而有文，故为天地不可易之数，引伸触类，无不可通，然于理为散殊矣。

圣人以画为《易》，本《河》《洛》之自然，邵子别为日月、星辰、水火、土石，滞于物哉。且日月即水火之精，土石即星辰之质也。《洪范》皇极之建，圣人之德，所以承天而范万物也。邵子《皇极经世》，仅于音数，而且牵合世事以配之名实，舛矣哉。

邵子以元、会、运、世定天地之消长，非也。道备于天地，天地安有穷哉？以其人物剥极而见天地之晦蒙，则洪荒矣。流贼之乱，榛莽相望，禽兽载途，数十年中是可征焉。

天地以至仁育物，不仁者众而气化否塞，大乱之来，起于人心。邵子不求诸理而求诸数，惑矣。

人为天地之心，人失道则天地否，故君子正其心以承天而人物赖焉。

天地非有幽塞也。人为气之灵，灵者昏则蠢者肆，物怪人妖，戕夺生灵，有以自取之，而天地固以无心行其赏罚，于天地奚损焉？

辅造化者，君师也。道惟尽性，性，天心也。故圣学不传则无以辅造化而致治。

洪荒之世，物之为民害者多矣，益以帝挚昏暴而洪水应之，尧始得人治之。专以洚洞为气化者，非也。

天地好生恶杀，而人物有尽，何也？物无以承天地则自尽，祸乱其甚者也，天地固欲生之而无从。是以圣人知天心，立人道，以持气化于无穷。不然，人皆物则物且食人，而人类将尽。

观天察地以验人事，自修其德，君子之事也。小人测天以为智，卜地以为私，是以术多不验，而甚且罹殃。

日月天地之灵，经道纬道皆同，而火土之气复蔽其光，故食。日阳精而孕阴，月阴精而孕阳。阳、阴，天地之气也，气浮于阳则月食，气浮于阴则日食。

日月月一会而不尽食，阴阳均也，否则为灾。同道之说，一偏阴偏阳之意。

星辰有常，其光忽异及无可名者，皆人物之精有以致之。天道神而莫测，理则至常。人守其常以应天，而不求诸莫测，则天且从人。

风云雷雨，皆气也，而神实宰之。不然，则物怪精邪亦假之以为祸。

宋儒以心为神明，是也。但心有人心、道心，纯于道则神，不然则鬼。

纯一之极而神与天通，阴邪之甚而鬼与人合。是以圣人教人正心诚意以全其德，所以绝鬼路而合天机。

天者，理而已，理纯则天定。心，天心；气，天气；故曰真人。真人成为人焉耳。

人道，仁而已，行而宜曰义，实有于身曰诚，曰德。心之良纯乎天之性，至诚也，真人也，言殊而理一也。

人事无常，君子有常，行一不义，杀一不辜，而得天下不为，诚其性故也。欲尽人道而弗尽性，私伪奚以除焉？

道在五伦，伦尽则道立，而不能者，私妄夺其性也。性无为，心有欲，存心养性，所以化其偏而归于中和，然功非一端。以心为性，则去圣远矣。

有觉之心，纯一之性，理则皆天，妄则皆人。俗士以巧智为能，禅宗以寂守为妙，胥失之。

静存其中，动得其和，性之本末具焉。内外交养，积久而始然也。有所馁则不能致。

人心盛而阴气积，道心纯而性体明。孟子集义生气，无是所为馁也。然志，气之帅；气，体之充，持其志无暴其气，不可偏离。故曰：我善养吾浩然之气；我四十不动心。

理气之纯乎天者圣，见天者贤，昧天者贼。贼其性斯害其气，气失其初，人与物类。故曰：人之生也直，罔之生也幸而免。

心正而身修矣，尤必慎其好恶，亲爱畏敬，五者皆当理矣。而好恶稍偏，则家即不齐。必好而知其恶，恶而知其美，非礼之礼，非义之义，大人乃能弗为。世人之好恶任情而不任理，何由入大学之道哉？

家之难齐甚于国，无权势也。人心不齐，何以齐之？曰：父父、子子、兄兄、弟弟、夫夫、妇妇，各尽其道则齐。

大学之道，一是皆以修身为本。身修必由诚正，诚正必由克复。克复之功，非旦夕也，非师何以传？非有恒何以深造？今人以心为用，而不知性乃天命，故任其虚灵日远于天则。

本有情之世界也，而己无以修，人无以治，非情之不孚，而理之多舛也。故尽性而后心正，心正而后身修，身修而后可以天下一家，中国一人。

修身本末之功，非圣师不授，非笃志不成。外此而求治人、制事，如徒手而攻敌也。

主持五伦者，君、亲、师也。必皆诚正修身，而后教化立，人心正，风俗淳。

君尧舜，臣伊周，师孔孟，人以为难，不知其特全天之理，己成而人亦成耳。其功则自一念勿欺，言行不苟而始。

人人皆有天理，人人可为圣贤，故以仁、以敬、以诚，无弗格者。

学，学为圣人而已。圣人不以贵贱分，愚夫愚妇，与知与能，有贤亲师陶淑之而胥善矣。

杂问

愚训蒙有年，门人每以世俗之事为问，就己意答之，未必有当也。门人有私录者，愚知之必毁之。儿子幼小，检残纸录之，尚得数篇，虑其不久又私刊之，及愚知而工已竣矣。自念衰朽，若辈不能久闻绪论，舐犊私怀，不得已而仍之焉。大雅君子，恕其僭妄为幸。

止唐书　时年七十有八

问：天地？

曰：天地一气而已。宰气者理，理气之全者惟人，知人则知天地也。故止须从五伦之理，一一从心而谨其微、善其动，果然心心协理，事事合道，天地即在吾身，不必求诸高远也。

问：人身藐然耳，何以万物皆备，则必明天地之理，然后知人身之理？何以云不求诸高远？

曰：然，非也。人身安能如天地之广大，只因天地止一太极，在人为性，能尽其性则天地位、万物育，蕴之为德行，发之为事业。孟子言：存心养性即所以事天。天不在苍苍之表而在耳目之前，但能存养功至，则无心非天理，即为尽性。性定而天地非大，吾身非小，自古圣人所以配天地也。若徒以形迹求，则圣人不能不男女而处、不宫室而居、不饮食而生，与庸众何异？

问：人之灵于万物者心也，而子言心非性，何耶？

曰：心在先天即性，在后天不尽性，予屡言之矣。先天者，未生之前，受气于天，成形于地，得天地之性而后为人。后天，既生以后也，气质具而阴阳杂，理之纯不敌其气之累，而人心、道心乃分。先儒知人心、道心而不知其原，是以谓心即性也。先天八卦乾南坤北，而文王以坎离代乾坤，纯阳为性，纯阴为命，乾道变化，各正性命，人之先天，所以性皆善也。阳中有阴，阴中有阳，阴阳互宅而生者必化，化者乃生，人之后天，所以性相近而必待学以复性也。生安学利困勉，皆由气质清浊而分，非得天之初，便是相远。若但以心为性，后天之阴滓不除，即先天之本体难复，夫子所以言克己，孟子所以言养气也。

问：先儒言气粗而理精，故止言集义生气。今谓养

气乃不动心，岂粗者反足制精者乎？

曰：气之形形色色着于事物者，固多粗也，而其实天地止是一气。上天之载，无声无臭，是气即是理，不可强分。无声无臭者，实凡有形色者所由始，至虚也，而亦至实，故曰诚也。诚故不息，而孟子则名之曰浩然，至大至刚，所谓大哉乾元，刚健中正也。然苟不知其本，于刚大二字仿佛求之，则有不宜刚而刚，自谓大而实非大者矣。故前人又言虚无一气，虚无者气之体，刚大者气之用也。此处不明，则以心之憧憧往来者为性，力求其静而不能静，即强制其心，久久若虚静矣，及事变当前，万理瞀惑，修齐治平多不克一以贯之，予所以反复而争辨也。

问：虚无、寂灭，前人所斥为异端也，子独以此言存养之功，亦有说乎？

曰：难制者心也，触而即动，动而易妄，必以性镇之。性何象乎？收已放之心，入虚灵之舍，委志虚无，一念不起，所谓未发之中也。养之至静，极于至虚至无，岂特无心之迹，亦复无性之名，是则所谓寂也。而凡畔援欣羡皆灭，是故虚无、寂灭者，存养之极致耳。自前人斥四字为妄而以治心为学，了空空之心，实无复性之学，僧流然，儒者亦然，而令后世力治其心，卒不可治，于是任其心而无可如何，安得不明辨之也。

问：天下古今许多事业，乃第以虚无、寂灭为教，何以治世？

曰：然，非也。《中庸》言致中和，中者，和之本也，得天下之大本，乃能行天下之达道。虚无、寂灭，存养时必如此而后心静，静而后性来复。初学之，性至微也，存养久而性有诸己，涵养充实，久而有光辉，又久而化而神，只此一气之变化，实只此一性之弥纶。暨乎心之阴滓尽除，性之本体神化，万事万理，一以贯之，不动心，不逾矩，率是道也。不然，但守空空之心，未复乾元之性，僧流所以不能理物，先儒所以流为迂疎，安可不详辨而力行之。

问：虚无、清净乃存养之极功，四子五经何以不言也？

曰：圣人语言，因人、因事、因时，救俗之流弊，明理之是非，语殊而义一，不可拘文牵义，以彼疑此，语此废彼。唐虞言德，汤始言性，傅说始言学，《大学》言心，《中庸》言性，孔子言礼，孟子言仁义，何尝一致？而其理则无殊。三代后礼乐不备，程朱兢兢以礼法教人，非时王之制，所以来伪学之禁。我朝仁育义正，一本中正之道，化成天下，而礼从宜，使从俗，不拘拘限以一概。即僧羽之徒借以生养穷民，听其言禅、言元，修养心性，日安化宇，并生并育，直与天地同流。至儒生从事文词，以四子为宗，去取贤俊，无非欲人习孔孟之书，行孔孟之事，入为孝子，出为忠臣。而传之既久，但求专工以弋科名，罕能实践，非竟贤智之无人也。有志者读圣贤书，欲为完人，奈私心妄想难以克治，外物纷华得而夺之，若非有复性之功，存其心，养其性，驯至于定、静、安之境，则见异思迁，触物而动，天理不敌其人欲，安能卓然不惑，肫然忠孝。所以存养之功，乃为学之本。但如何存？如何养？若用力强制此心，治之愈严，其妄弥甚，必委志虚无，得受中之地而安止焉。一念不起，万象浑忘，久之性复其体，心妙其用，则中和在我，应万事而有余，即辅造化而非不足。尧之安安，舜之允塞，文之缉熙，孔之皜皜，孟之不动心，胥是道也。至于穆穆、皇皇、渊渊、浩浩，皆此一性之蕴蓄弥纶，放乎六合，实近在方寸。先儒之敬也、静也、诚也，不由此而几，虽欲敬而肆怠乘之、欲静而多途扰之、欲诚而伪妄入之，由于养其中者不熟，即惊于外者不乏也。惟知虚无、清净即纯一之意，并非蔑伦常、废事物，则学圣之功更不必学佛，亦如愚言圣贤即神仙，知之则但为圣贤而神仙已是，不必更外求神仙。此乃明其是者，以袪其非，并非教人学佛也，安得明者而共言之。

问：然则佛亦同于圣学乎？

曰：然。

问：何以学佛者皆妄也？

曰：学佛者不知天地古今止此心性伦常之理，而妄想变化飞升，长生久世，僧流又多方以误之，是以愚妄日繁。梦金人，迎佛骨，舍身求福，其弊总由浅视伦常，谓此外别有神奇。不思天地爱人，作之君师，无非欲其共庆安全，同尽天理。人人皆有天理，人人能尽人道，则天心可通，神明可寿，圣可也，佛可也。全而受者全而归，不愧、不怍，何入而不自得？佛生西域，其民悍，化之以慈；其民愚，化之以慧；贪淫好杀，化之以清净、慈悲，与吾道圣人心理无二。中华自羲农以来，圣王递兴，礼乐文章咸备，奈何舍此而他求，即佛亦应不许之矣。

问：然则其废人伦，何也？

曰：释迦如来，未尝废人伦也。妻曰耶输陀，子曰摩睺罗，十八岁生子，二十于檀特山养静十二年，归聚，年八十二而终。废人伦者，夷俗也，佛之后更无似佛者，故不能尽化其俗、兴礼乐以比于中华。今天下道一风同矣，而荒裔之俗依然无有人伦，圣人之教，鞭长莫及，实无奈何。若中华僧徒之废人伦，则以养鳏、寡、孤、独无告之民，亦由贫富不齐，施济难博，借此安全之耳。然穷民甚多，既入空门，饱暖逸居，任其所为，奚可长久？是以前代高僧为之立法，不许还俗，不许晕酒、婚娶，但习为静坐，课诵经典，外清规者逐之，畔其师者罪之，然后能安淡泊，久而不懈。其有士大夫等困于遭逢，厌于尘累，中年为僧者亦听之。然其必孝养父母，忠敬君王，恪遵礼教，固与凡人无异，故有为僧不养父母而遭雷击者矣，有不守王章而被诛戮者矣。若史传所载，愚平生见闻所及，不胜枚举。佛何尝以废人伦导民？亦何尝有废伦常而犹可为人之理？此须当博观古今，细详情事以求之，不可随声附和也。

问：如子之言，僧流之静养不亦同于儒学乎？何以朝廷不用之也？

曰：然，非也。西方之习于佛教其来已久，非有圣人，难遽变其俗。若中华之僧徒，静坐收心，藉养生命，原属前人不得已之苦心。其静养也，第养虚灵之心而已，至穷理尽性，始终本末之功，固未之知。彼既髡首弃家，即有明智之才又安得从而用之？佛之明心见性，即孟子所谓：尽其心者，知其性也。吾儒久已有传授，又何必更向佛求之？考佛自秦使伊存口授以来，始得佛语，汉明帝又得《四十二章经》，然其修养之法无传。至梁武帝时，达摩入中国，居少室山面壁，始示人以了性之学，其时亲炙之者，本末功夫盖尝明之，而再传以后失真，仅存《六祖坛经》，僧流据为养性之法，不知后天知觉运动之心，非先天纯一不已之性也。然常存此心，果然一念不起，虽未复乾元之真性，亦可免嗜欲之戕贼，故历代缁流超然颖悟者，亦复不少。周濂溪得此法于海岩和尚，而授之二程，由是儒家谓养空空之心，即全穆穆之性，而气质之疵未除，斯诚一之道难尽，即自谓明哲，施之修己治人，往往不无遗憾，岂知孔孟皆言修身为本，若正心、修身犹不能齐治均平，决无是理，由不解孔子修己以敬如何便安百姓之故。此数千年圣学兴替关头，吾当反复而力辨之，今若更不详求其义，则言理学者拘墟，谈事功者虚伪，兢才华者放浪，务神奇者妖妄，其为世界人心风俗之害，非一端而已也。愚岂好辨哉。

问：佛言空，儒言诚，子比而同之，何也？

曰：道存于无声无臭之表，而贯彻乎万事万物之间，故曰：形色，天性也。人心之旷通乎造化，而其所以通者性也。性，心之主；心，性之用。心非性不诚，性非心不灵。全乎性之本体者与天合德，而心之灵莫非理之著。任其心之所为者，与禽兽邻，而性之诚梏于欲之贼，故学圣者必先复性。性何以复？必先存养以清其源，动察以谨其几，而静者动之本也，静之至而无声无臭者，与天地之体同，泛应曲当者，与天地之用一，则空者未尝不诚，诚者未尝不空。《中庸》言费而隐、微之显，固合乎动静本末而言之。佛言真空不空，妙有不有，亦非以空诸色相为废人伦，谓不为形色所累焉耳。虚其心以应万物，诚其事以尽人伦，性之德也，合内外之道也，非深造自得，何以知之？

问：西方有活佛，然欤？否欤？

曰：然。此天心之所不得已也。彼苍仁爱赤子，莫不欲其得所，而外夷无圣人之教，遂至沦于禽兽。释迦文佛，天亶之聪，化民以义，而其后难继，中华礼乐之教不能遽及，于是天特生一知觉独异之人，为之君长，使民以为佛之灵不朽也，而群相钦服之。……其民以出家为贵，生数子，不过函一二人守业，余即出家诵经礼佛。有专志者，亦能通诸妙慧，化导民人。至于吞刀、吐火，变化神奇，彼皆不屑。其谓三乘，犹言三等也。明心见性为上乘，讲经说法为中乘，一切术数为下乘，与吾道未尝有异。今西域咸归版图，见闻所熟，故能知之。前人未书涉猎，史家亦然。又恐涉于神怪，但记风土。是以益增妄诞也。

问：何谓顽空？

曰：理，原于於穆之表，而贯彻乎万事万物之间。

静养其源，必致虚守一，以复其性，性复而后浑然天理，无贰无杂者与天同，由是着于百为，事事各得其理，非一味空虚，不管天地民物也。后世禅家，以心为性，因欲强制其心使之不动，故不得于言，勿求于心，不得于心，勿求于气，并人伦日用毫不用心，因心一动便多妄也。即守心之久至于虚明，却止是阴神用事，修齐治平俱无可用，此谓顽空。

问：空与元有异乎？

曰：无异也。道至平常而实至神奇，惟其神奇之妙，即寓于平常之中，所以为中庸。诚之至极而元妙存乎其中，元妙无可名言而空在其中，道言元，佛言空，言至诚之妙耳。微论文王之穆穆通于帝，谓孔子之下学，知我其天，即忠臣孝子、义夫节妇，贞一不贰，精诚所感，而天地鬼神应之矣，况圣人之万善，咸归与天合德者乎。僧羽废人事以鸣高，所谓元空者，非儒生惊纷华以为学，所谓诚身者，亦妄也。

问：道家言精气神，不言心性，何也？

曰：然，非也。第言心性，道心人心，一心而有二名，此其故，愚屡言之矣。僧流以后天之心为性，道流言精气神，亦不知先后天之分，故以延年驻世，神奇变化为务，而不知其非本始。人生而静，天之性也，虽受气父母，实秉天地之正理而始为人，其时精气神浑然无形，一太极而已。及既生以后，气质重而七情生，精气神之原于天者，杂于阴滓，故精气神之在先天者可通乎天地，在后天者第保其形骸。前人有言：神非思虑之神，乃纯一不已之神；气非口鼻呼吸之气，乃太和元气；精非男女交感之精，乃二五之精，其义当矣。精气神之在先天者，养之而圣，在后天者，养之而亦寿。但求长年，必不能达乎天命之原，周知万物之理，故知先天之精气神，而心性之理乃得其正矣。

问：子言圣贤即神仙，何故？

曰：谓圣贤之外有神仙，人之妄不息也。知圣贤即神仙，则但为圣贤而已足，此截断若辈后路，然亦理之自然，非臆说也。三代以上，何以无神仙之名？礼乐备而学术隆，人多从事于大学之道，贤俊辈出，民有向方也。周衰，邹衍之徒倡为邪说，羡门、子高辈始言有不死之人，秦皇、汉武狂迷尤甚，而刘向为之传，后苍为之图，传及后世，遂以为世诚有神仙矣。不知隐德之士，忘名自晦，兼能葆神养气，多历年所，乃儒修之常耳。流俗不知，则以为神仙。如黄石公、浮邱伯、河上翁，皆世所谓神仙者，张良不能尽黄石之学，浮邱伯传鲁诗于申公培，河上翁授易于汉文帝。盖皆孔门遗裔，不传其名姓，遂以为仙。岂知人不知而不愠，遁世不见知而不悔，圣人然，志士亦能然。孔门不书丈人之名，接舆晨门均无可考，毋乃悉神仙乎？如梅福挂冠而逃，不过洁身之士，遂云仙去。而历代僧羽之明者，凡与士大夫言，余未尝不以修身治世为务，亦可知神仙不外圣贤。而朱子以陈希夷为隐士，又以邵康节为神仙，其见不免骑墙，此人所以惑也。

问：圣贤即神仙矣，而历代仙迹甚多，圣贤无之。何耶？

曰：然，非也。圣人道备德全，受天眷命，或为君相师儒，或为艺术百家，皆因其人之自为而因以命之，如孔子不得志，天即以为师表。三代下，或隐于山，或隐于市，苟能修身立命，利济为心，其生不虚，其没有灵，于是有已死而复易形在世，有及身而捍灾患，留迹不朽者矣。如吕纯阳之题咏，达摩之留形，天后之著灵海表，关圣之护国救民，皆其平生正气常伸，形死而神犹生。若及身而著神异，亦道德中自然之功效，若神禹治水，旌阳伏怪，即孔门子羽亦能斩蛟，皆为护国佑民而然，非以此表异。俗世不察，则偶得一术，即妄作聪明，小则祸身，大则祸人。世固无不忠不孝之神仙，亦安有矜奇立怪之贤圣？此最当明辨而纠正之也。

问：天仙、地仙、神仙、人仙、鬼仙五等，流传久矣，皆非欤？

曰：天仙者，与天为徒，若在帝左右者也；地仙者，留形住世，若长年驻颜者也；神仙者，人死而神不朽，时或显迹救世；人仙者，道全于身，可以前知，随方教化；鬼仙者，有善而未能纯，亦有灵爽为山川社稷之分司。要其平生，总不越乎仁义伦常，但纯驳不同，非外此别有神奇之道也。

问：然则其流为异端，何也？

曰：师传之谬，法戒之弛，而官吏罕纠正之也。人生得天之理以为性，秉气化以成形。有生之始，所秉于祖宗父母及二气之纯驳不同，因有清浊智愚之分。迨有生以后，亲师教训者不端，志日漓，气日昏，至于嗜欲已开，见闻驳杂。习染荒悖，其弊遂不可胜穷。中华僧道皆穷民无告，借空门以养生，既幸得所矣，而饱暖逸居，无有教化，必近于禽兽，苟非贤师友自少约束裁成之，安能不免于悖妄？且戒录惟大丛林有之，其余寺观多无清规，亦不知所谓修养，虽名为僧，实与齐民共市利，差徭之事，官吏骚扰，士民侵侮，又有宵小煽诱，即稍知自爱者，亦为所困矣。其不肖者，败坏寺产，无所不为，甚则习为邪术，惑众敛钱，一旦发觉，罹于刑诛，人曰佛、老本异端，所以藏奸也，而于是静坐有禁，经、戒俱非，岂知其致此之由哉？昔程伊川见禅徒饭食，曰：此三代礼乐之遗。又见佛必拜，门人曰：先生平日不信佛，何以拜之？曰：此亦当世之贤者。盖是者不可以为非，犹非者不可以为是。司马温公曰：其高者不出吾道之范围，其诞者吾不之信也。诚知其本始不异于圣贤，流失乃趋于邪妄，则必有所以纠正之、维持之，使各安于清规，无或悖于礼法，又为择贤师督率之、禁吏胥骚扰之、戒士民侵侮之，其品优、学粹者则表异之，放浪不法者则罪逐之。彼得安其生，乐其道，感上之彰瘅而相勉于为善，其不可为赡养穷民之一法乎？

问：中华之僧道如斯可矣，外裔将奈何？

曰：善哉问也。中华自羲农以来，神圣叠兴，礼乐明备，然且不久而奸宄丛生，况外域之远，万国之众，风土人情，语言嗜好，有万万不能一致者。天心仁爱斯民，亦尝笃生贤俊为之君长，乃能绵绵延延以至于今。第天工必资人亮，天不能恒产异人，人必当善体天心，裁成辅相以左右民，君、亲、师三人安能以辞其责哉。我朝广大如天，四海内外莫不尊亲，其有梗化者不过十分之一耳。使大小官吏，咸知圣贤之学，推广朝廷之意，渐摩善教，久久自能变化。即如唐虞三代盛时，声名洋溢，施及远矣，而滇黔楚蜀积久尚齿蛮荒，今则同为乐土。古圣人随处皆能教民成化，成邑、成聚、成都，大舜然，箕子、泰伯亦然。使孔子果浮海居夷，即夷海之圣君矣。六合辽阔，人类繁多，疆域所限，君子亦无如何。惟幸生中土，亲炙圣化，服习诗书，恪守前圣之遗，随所居游，成己及物，庶无忝于覆载。吾所以辨佛、老之真者，欲人知天无二道，圣人无二心，不可以流失之谬，咎其本初。诚体道于身而得其至正，则是非自明。舍心性伦常不得为圣人，又安得为佛、老也。

问：三教之本原一也，而佛、老之书多荒怪，圣贤之言咸切实。何欤？

曰：然，非也。天人性命之学必明师亲授，非文字所能传。惟传者罕真，不知而作者，得其一端，昧其全体，狃于俗见，喜为大言，故书籍日繁，至理日晦。僧羽之徒自误，更以误人，影响剽窃，肆为猖狂，妄诞之谈，既惑庸众，又复著书。不知道贵实践，不在语言，道之秘者，不可显言。前人多拟议、譬喻，如人身太极之所，佛则曰空虚藏、如来藏、安乐国、不动道场、净土莲台，不一而足也；道则曰元牝、土釜、丹矿、黄金鼎、紫云房，亦不一其名。一性也，而曰舍利、金丹、金刚身、铁罗汉、长生药、九还丹。儒言穆穆、渊渊、浩浩、江汉秋阳、上律下袭，皆身中自然之理，观者弗知，生许多邪妄。尤可笑者，炼石补天、黄土抟人、月中丹桂、日中金乌、牛女渡河、点石成金，文人且作典故用矣。至误如采阴补阳，流为房中之术，金丹却老，为亡身殒命之端，以借喻之言，为实有之理，惑世诬民，充塞仁义，岂特如杨墨哉？抑思道乃天之所以为天，即人之所以为人，孔子之言具在，无他奇也。而《中庸》言其如天地之无不覆载，四时错行，日月代明，谓以其功用言之。然子思作《中庸》时，孔子道犹未显也，何以如此推尊？凡若此等，以为切实则诚切实，以为奇诞亦未必不奇诞。要惟万物皆备于我，全而受者全而归，则天地非大，吾身非小，此义人人能言之，奈何不能实践之。故书籍所传，必深造自得而后能辨，不然，则是者固莫知其是，非者遂不觉效其非矣。

问：道止一性，而法术多途，且多民生不可少者，何耶？

曰：性为万理之原。圣人无不通术数者，而不专任术数。以诚正修齐为务，道备德全，实止完全一性字，至一切法术，善用之以宜民，则修己治人，无处不可。禹驱蛇龙，周公驱虎豹犀象，岂易驱也。至若天文地理、医卜星相，一切有益于民生者，何一非圣贤所留遗？特必以道德为基。无其本而徒事其末，则误己误人，非其倡之者过也。

问：至诚前知。信乎？

曰：愚于《四子恒解》已言之矣。圣人不贵前知，以作狂、作圣分于一念，天下无印板之事，安有印板之圣贤。老子，世所谓神仙之祖也，而其言曰：前识者，道之华而愚之首。孔子曰：赐不幸而言中。是使赐多言者也。圣人之意可见矣，元会运世之说，所以无取焉。

问：前知，圣人不贵，而卜筮专示吉凶，且多预兆将来之事。《中庸》言：至诚前知。孔庙张白怀璧一事，朱子曰：似圣人善射覆者然。大奇。近人有并此而不信者，其是非得失可得闻欤？

曰：至诚可以前知者，理极其精，气数不能外也。龟、蓍，一物耳，何能前知？人至诚而鬼神凭之，借以示人，其善者可益勉于善，其恶者可自悔其恶。《大易》一书言吉、凶、悔、吝，圣人欲人知吉凶生于善恶，为善去恶以合天心，非欲人事事求福利也。凡卜筮、星相、占候之法，皆当知此意。其人平居，心术品行可取，而偶逢灾患，求诸神明，则虽术艺卑者，亦往往响应。其人之不肖者，而忽罹忧患，求诸神明，虽术数精者，亦往往不验。盖神明借其术以告人，非人所能持权也，故曰：易为君子谋，不为小人谋。君子问祸不问福，正恐行谊不当，决诸神明。非舍人事而听命于鬼神也，夫子讥臧文仲居蔡，即是此义。盖人事千变万化，惟一理以宰之，但理不易明，非礼之礼，非义之义，惟大人弗为。《易》曰：精义入神。神者，义之极精也。凡人不能决其是非，必决诸卜筮，而圣人德造其极，与天为徒，则神以知来，智以藏往，龟蓍亦效其灵，常人不能然也。《传》曰：卜以决疑，不疑何卜？人亦每多误解。有两事于此，一理之所当为，一理所不当为，则为其当为者，此不必疑也。若两事皆义所当为，而孰缓孰急，孰宜孰否，未能了然，则决之于卜筮，此乃决疑之道也。五经之外别为五纬，乃孔门弟子虑后世不能尊信圣人之书，而演为此说，使人知圣学可以知来，如孔庙张白怀璧一事，亦子贡等所留以光圣人，偶一为之，为大道兴废而然，世道人心所系，固无害也。朱子不言其意，而儒者遂以神怪例之，斥而不录，亦殊孟浪。然则前知亦圣人之常耳，而龙漦祸周，赤符启汉，又若天早定之者，何故？曰：龙漦之事半属荒谬，龙类至多，惟神龙得至阳之精，能潜、能飞、能大、能小，其余蛟鼋蛇鱼之属，皆可化龙，多不成真，转为妖孽。龙何以降庭？又何以流沫？而夏后何以遽藏之？经商周无敏圣王，何以不毁弃之，使至于周室？败国祸家，由女子小人者多矣，何以必借龙漦而产褒姒，使幽王不宠褒姒，伊又何从而为祸？其不经已甚。至若胡亥亡秦，赤符启汉，盖亦术数之士游戏所为。盖必以圣贤之学为平平无奇，人将轻视，若以圣贤之学为至神至奇，人更不行，故有德之士及术艺之明者，时出一二端，以见吾道中原有是亿中之术，如孔子殿《秦誓》于

《周书》，淳方成唾祸水于飞燕，人品不同，其以理定数不甚相远。苟专以前知为奇，则天地人遂成印板，故当明辨之也。

问：老子为孔子师，子屡言之，然众惑不解，可详言之欤?

曰：老子，隐德之士，因长年驻世，屡易姓名。葛洪《真诰》记云：在黄帝时为广成子，尧时为务光子，在殷为守藏吏，在周为柱下史，其言浩瀚。然太史公去老子不远，而其作老子传云：或曰周太史修、老莱子，莫知其然否。篇末云：老子深远矣。则老子乃隐士，潜见不常，是以后人莫得其实。《家语》载孔子问礼于老聃，称为犹龙。而庄子所记老子告孔子，以至阴肃肃，至阳赫赫，肃肃出乎天，赫赫出乎地；此数言，明阴阳互为其根之义，在天地则先天后天所以分，在人身则人心道心所以异，故夫子极称赞之。不然，使但问礼而已，《周礼》尽在王府，鲁备六代礼乐，孔子亦尝考之，老子第即故府所藏启櫝相示，夫子亦第考其同异，何至遂赞为犹龙？《周易》六爻取象于龙，潜德而隐，故曰犹龙耳。后人莫得其解。自庄列之徒侈言曼语，托于恍惚之说，令人靡可捉摸。晋人益肆清谈，影响元妙习为颓波。至后言法术、言金丹，陨身惑世，变化飞升之术，房中诡怪之行，流害不浅，兼《道德经》所谓儒者误解，于是炉火幻技悉归诸老子，而异端之祖受其诬妄矣。自古圣贤经孔子论定，无不表扬，惟老子经孔子称赞而不足取信于文士。朱子初注《论语》亦以老彭为老子嗣，因异端所托，易为商贤大夫。然商贤大夫为钱铿，即守藏吏之老子，非二人也。孔子生知安行，止是伦常日用当然之事，知之即能行之，至天人性命究极乎精微，驯企乎神化，非圣人之师岂能遂知？《礼记·曾子问》言，孔子从老聃，助祭于巷党，吾闻诸老聃；不一而足，老子且呼其名，若非实尝从学，岂有遽呼其名之礼？《史记》言孔子问礼于老聃，归而门人日益进。考之记载，孔子二十一岁丧母，二十三岁适周问礼，二十五岁而归。其将适周也，谓南宫敬叔曰：闻周有老聃，博古知今，则吾师也，吾将往而学焉。是夫子明明师老子之证。夫圣人之大也，惟其不自用而取诸人，以老子为孔子师，何益于老子？亦岂有损于孔子？而令天下后世谓圣人之学不俟圣人之师，议于天定，其误来学岂少乎？项橐七岁为孔子师，项橐生平无所考而后世信之，亦未尝以项橐为优于孔子也。《韩诗外传》记子夏之言曰仲尼师老聃，《文心雕龙》曰鬻为文友，李实孔师，自唐以来未有异词。韩文公始言师老子者，乐其诞而自小。夫三人行必有我师，夫子焉不学，而亦何常师之有？乃以后世异学托于老子，遂信为真，不亦傎乎？白乐天诗云：玄元道德五千言，不言药，不言仙，不言白日升青天。固已略知其概。若再不辨明，令邪妄之辈托于老子，自谓神奇，实乖正道，其流毒安穷？惟知老子亦圣人之徒，而后世言神仙、金丹、采补诸邪说，皆名教所不容，老子有灵，必不轻恕，况有不干天怒而撄王法者乎？要知天无二道，圣人无二心，外心性伦常即为异学。老子之子李宗，仕魏为将，封于段干，未尝废绝人伦。羽流不得娶妻，始于宋太祖，故出家求道，原非古有。使老子废人伦而谈道德，夫子岂能称之？愚尝谓僧道可辟，佛、老不可辟，以其皆有人伦也。以佛、老为别有神奇，则必外圣贤而务为荒诞，是以不得不明其真而截其流，乃或以愚为援儒入墨，其亦误矣。

问：谚云一法一诀，亦可成真。信乎？

曰：然也，解者误也。以德言之，如忠孝、仁义、诚厚、谦让，果行之至诚且久，亦可感天地而动鬼神。以艺言之，医卜百工，造于精微，专以济人利物，心行之至诚且久，亦可以卓然信今传后。

问：儒以佛、老为甚于杨墨兼爱也，为我也，信乎？

曰：此不得其实之言也。以佛之慈悲、广大为兼爱，然修身以道，修道以仁，孔子之老安、少怀、悲天悯人亦兼爱乎？以学道者之修养为为我，吾儒之修其在己，明哲保身亦为我乎？学佛、老者，影响支离，流为邪妄。学儒者貌合神离，不知修己。郑板桥云：秀才骂和尚，和尚亦骂秀才。此之谓也。司马温公言：佛之高者，不出吾道之范围，其诞者，吾不之信。斯为持平之论。

问：子以取坎填离为克己复礼，何义？

曰：善哉问也。此千古圣学之源，而异端邪说之所托也。乾坤为老父母，纯阳、纯阴。人秉天地之灵而生。乾，性也；坤，命也。性命浑然为太极。先天得乾坤之正气，亦浑然无形而为太极，故曰：万物皆备于我。及气质既具，七情以生，情梏其性，而婴儿无知，已贪嗜味，发嗔忿，已非全性，故不失其赤子之性，非谓既生之婴孩也。乾下交于坤，而阴中有阳为坎；坤上交于乾，而阳中有阴为离；离者，人心也。心含阴滓，与生俱来，故孔子不曰私而曰己。礼者，天理之着，不言理而言礼，以天理节文言之，乃该得内外工夫也。圣人教人克己复礼，存其有觉之心，养其虚明之性。心易放而难持，克之愈力，其纷愈甚，故必养浩然之气。浩然之气其本体实无声无臭，故曰虚无元气。人身五官百骸皆一气所成，而虚无元气则理之元而性之实也。浩然以其功用之大而言，儒者不知，则高者以刚正不屈为浩然，卑者且以刚躁狠勇为浩然矣。养气者，必得先天神气所聚之地而养之，天地之中、道义之门，而老子所谓元牝，佛所谓虚空藏也，其名甚多，难以枚举。此窍天地人所共，圣人亦不敢明言，而人多误认，遂生出许多异端。得其地而养气即为养性，《大学》言知止，《中庸》言致中，《易》言艮止，《书》言安汝止，皆是也。伏羲八卦，《乾》南《坤》北，而文王以《坎》《离》代之。在天则日月，为天地之大功用；在人则心情，为万事之所由理。第情不尽性，性定者以性宰情，有觉之心皆为虚明之性，孔子所以从心所欲而不逾矩，孟子所以不动心而知言。取坎中之真阳，点化离中之真阴，返还乾坤本体，所谓复性、复礼也。喻曰七返九还，七，火之成数；九，金之成数。先天真性秉乎乾元，乾为金，故曰金丹。返还先天曰还丹。坎男离女，水火而已。水火合而成紫曰紫金丹。水火相交曰坎离交媾，异端讹为金丹也、采补也，炼五金八石以为丹，服之者死，采少女以补男阳，行之者诛。号曰龙虎，木为火之父，金为水之母，金木者水火之性情也，青龙白虎，木火金水如斯。铅者坎阳，汞者离阴，汞性飞走，得铅则定，心本易浮，得性而安。此义不明，微特学圣者莫得其向方，且使一切邪妄借此惑世诬民，故愚屡辨先天后天之义焉。先天后天，其源出于天地，其象备于羲、文，其本实由《图》《书》。程朱知尊信之，而儒者多鄙斥之，遂使人以心为性，任其心之所为，往往悖道，多其说以误人，莫知克复。安得不明辨而力行之也。

问：佛言大广大、大慈悲、大方便、大清净、大柔和，何义？

曰：此先圣之绪言，而入德之初基也。行有不得者，皆反求诸己，责己而不责人，力行之久，驯至于物我两忘，无所不容，则广大之至矣。爱由亲始，强恕而行，力行之久，驯至于仁民爱物，恫瘝在抱，则慈悲之至矣。勇于行义，未之能行，惟恐有闻。力行之久，驯至于乐善不倦，伦谊曲全，则方便之至矣。清净者非道、非义，千驷万钟弗顾，惟知乐善修身，力行之久，有天下而不与可也。和而言柔者，柔其意气以下人，乃能不矜己，不傲物，温恭和顺，力行之久，驯至于无侮无拂，邦家必达，则柔和之至矣。凡若此者，内化其气质之私，外以循乎天理之正，而实吾道仁义中之节目而已。

问：诵经、拜佛、茹素，非异端乎？

曰：僧羽出家，安饱而无所事事，是以令其诵经礼拜，日有所课，收其邪心妄想以安淡泊，常人奚用此焉？茹素者，亦以清其心而俭其用。常人有大事及祭祀，自审神气昏浊，节口腹以养其清明，未为不可，若谓不饮酒、不茹荤遂为善事则愚。《庄子》载孔子对颜子口斋心斋之说，本无语弊，世人以时文忌用心斋之语，并不信孔子之言，则非。且西方活佛酥酪为常，历代高僧酒肉不禁，盖诚养其本体，则清明在躬，志气如神，原非荤酒所能昏垢。庸俗名利熏心，嗜欲攻取，不一其途，有保身节欲者，茹素以清心，戒杀以广慈，亦未为不可，无庸混而一之，偏而执之也。

问：道言不死之药，及期矿火候等名，何谓？

曰：先天一气浑然粹然者，是气即是理，《中庸》所谓上天之载也。人得此理于天，全而受者全而归，形骸有尽，神明无尽，则为长生。喻气为药，喻神为火，以神养气，即以火炼药。浑然虚静，一念不生为文火，念偶动而闲存为武火，其克复之时，火候亦然。鼎矿则性命窍妙之地也。要之，尽性立命，必有师传，非文字所能宣，子思故曰达天德者乃知，孟子亦曰难言也。

问：礼乐法度？

曰：此非庶人所敢议，亦不必议也。遵一王之制，合乎天理人情物则之宜，则今犹古也。若区区援据《礼经》，彼此拘牵，析之愈精，施之日用无当，亦奚取焉？

问：然则工夫从何处入手？

曰：《四书·论语》开端第一句便言时习，所习者何？《大学》首言明德也。明德者何？《中庸》首句所云天命之性也。性者何？《孟子》首章所谓仁义也。时习者，习此而已。习之之法如何？《中庸》首章所谓致中和也。静而养其未发之中，葆明德之本体，仁也；动而当于天理之和，为明德之大用，义也。仁义由心而发，静必一念不起乃为仁，动必事事合理乃为义。但人心私妄甚多，易动而难持，故当慎动。日用伦常、言行动静之事，四子六经详言之，历代名儒条分缕析发明之。初学难以遍览，能即四子书身体力行，则义已无余。如言忠信，行笃敬，可以寡过矣。存忠恕心，行仁义事，敬静该乎其中，终身亦无不宜矣。

问：道如是其易乎？

曰：不可视为难，然不得以为易也。若有奇异，即非中庸。理虽中庸又实神妙，必实体之于身心，以诚、以敬、以不惑，死而后已。深造自得，毋徒求诸言语文字也。

问：子言美矣，尽矣，更愿闻其至要？

曰：道在五伦。臣尽忠，子尽孝，父母修身寡过，教子以义方，兄爱弟，弟敬兄，朋友忠信，夫妻谐和而相勉以德，果能如是，便是圣贤。但心不正，意不诚，则不能各尽其道，所以要存心养性。心本灵动，要养之，使常静定。静定之法，道曰玄，佛曰禅，儒曰致中也。常令此心静定，一有念头动时，必省察是非，是则可想，非则斩除，孔子所谓克己，佛道称为慧剑。理正矣，以诚心行之，久久言行心术俱正俱诚，便是圣人。近时学道者，不知从伦常实践，不知存心养性如何便是事天，惑于邪说，妄想成仙成佛，变化飞升，否则求奇术，至于废人伦、坏心术，或长斋、或绝夫妻、或弃父母子女，入山入林，遍走天涯，究竟一无所得，到头悔之晚矣。

问：天地之理始于数，天一地二等是也。子尝盛推《图》《书》，而又不言数，何耶？

曰：《图》《书》着五行生成之理，以前民用其精微，则天人合一，性命颠倒，克己复礼之功皆寓其中。前人止于言数，欧阳公所以不信之，而遂因此不信《系辞》，亦为卤莽。夫天地一气而已，原气之所由始，莫测其端倪，迹气之所由终，莫窥其变化，而其实只一理而已。理存于无声无臭之表，所谓虚无者也。理贯乎万事万物之中，所谓至诚者也。有理而后有气，有气而后有数，有数而后有象。即象数以穷理，理精而象数皆精，执象数以言理，理粗而象数亦粗。《周易》一书，理气象数备矣，然象数岂止如《易》所云，特理气不越乎此耳。世俗第知术数可以测休咎，不知休咎必由乎人心，果能正其心，修其身，则术数皆为末节矣。

问：易，夏首连山，殷始归藏，何义？周何以易之耶？

曰：愚《周易恒解》已言之矣。《艮》成始而成终，在天地为消长生化之原，在人身为安止时行之理。《坤》元万物之母，而乾性所藏，元命所胎，禹汤岂无故而首此？文王则以为阴阳五行是生万物，然皆天地自然之功用，故首《乾》《坤》。而《系辞》第一章，则孔子所以明文王首《乾》《坤》之义也，惜前人不得其解。

问：圣人高矣，至矣，千古难之，而子易言，何耶？

曰：岂特愚以为易哉？孔子云：及其知之一成功

一。困勉次于生知，不学乃为下者。孟子云：人皆可为尧舜。盖凡人皆得天地之理，则凡人皆可以合天。人禽相去几希，君子存之，自舜至孔孟皆是，则圣人乃成为人耳。圣人在家为孝子，在国为忠臣，无论穷达显晦，皆能成己成人，非学至圣人遂一定为帝王。后世以学圣人为忌讳，如《中庸》博厚高明悠久之属，皆谓天子之事，不知《中庸》以孔子为法，孔子何尝作天子？朱注错解大德受命，遂增多少妄说，愚于《中庸》已详之。又《礼经》言仪度太严密，人更以圣为难学，不知孔子所行，乃周家一王之制，使生于今日，岂犹生今反古，必循周礼乎？圣人随时处中，必遵王制，但世俗所尚，麻冕可从，拜上不可从耳。《周官》《周礼》，大经大法，后世不能出其范围，若仪文制度随时变通，岂容拘泥古法？《仪礼》一书，汉人撮拾之词，前人执以为圣人所作，致诸儒拘牵聚讼，不达时势，不近人情，岂非不善读书之咎哉？然则学圣奈何？曰：存其心、养其性，以忠恕之心，行仁义之事而已。孟子曰：舜为法于天下，可传于后世。非仁无为，非礼无行，便可如舜。夫爱人、敬人，岂人所不能哉？不肯为耳。爱其亲以及人之亲，敬其长以及人之长，爱敬二字行之至诚，事君忠，交友信，家庭之间不待言矣。道岂远乎？术岂多乎？

问：爱亲敬长之人，世不乏矣，何以不得为圣？

曰：其所谓爱敬者，非爱敬也，徇私而已。爱敬其亲者，必谕亲于道，一毫非礼非义，惟恐亲或蹈之，必致其亲于圣人而后已。故曰：不诚乎身，不能事其亲也。事君亦然。推之兄弟、夫妇、朋友，无不以仁、以礼，至诚行之，故爱敬达于天下，亲亲、长长而天下平。否则如世俗名利纷华，嗜欲悖乱，父子相承，兄弟相袭，朋友党同，至于妻子亦以从命为恭，济恶为务，世教之非，变故之来，皆由乎此，不可不明辨也。

问：后世文字之学甚重，孔孟不言，何也？

曰：文以载道，亦何可轻？古人六艺，自幼服习，故不必言，非废之也。孔子曰：文莫犹人；孟子曰：诵其诗，读其书；知人论世，曷尝不言？但必以躬行实践为要耳。然则文字科举，何以罕遇圣人？曰：选举之法多途，非得人以行，未有无奖者，岂独文字？或以德进，或以言扬，或以事举，《礼记》言之，舍此三者，固无得士之法。第先必有君相之培养，师友之陶成，如周家六德、六行、六艺，人人习之，非此不举，而又需以时日，慎其选建，斯可多才耳。

问：文德武功相辅，如子言有文而无武，可乎？

曰：非也。礼乐、兵刑，相为表里，《诗》《书》言之已详。至武勇一事，亦儒者事，孔门冉有用矛、樊迟逾沟、子羽斩蛟，孔子亦言：我战则克。当时周道虽衰，礼法犹在，射以观德，田以讲武，寓兵于农，仁者有勇，固非专工诵法，并无技艺也。又况道德果全，则虚己下贤，广罗英俊，安坐而指挥之，良、平、颇、牧，无不效命，亦不必自我而亲其事也。

问：佛、老亦有如斯者乎？

曰：然。世传太子射九重铁鼓，达摩居少林寺，示人以武技。盖凡道德之士，文经武纬必求其全，非高谈性命，鄙薄术数，空空守一心之灵，自以为圣学而已。

问：子之书多反前人，今乃知所以矫其失，明其正，而非好为议论也。

曰：唯，唯，非愚之所敢当也。第幸生圣朝，沐浴教泽，又中外一家，得以遍观外域之事，且门人等惟求名利，鲜践伦常，语以圣人则惊讶之，事功则缓置之，心性则迂曲之，读书则是非莫辨，说理则言行不符，用私心太息，以愚拙之见为不急之谈，随答问而演成篇册。然内问实毫无所得，知不免于有识之非笑，后世之指摘，第儿子辈业经灾梨，亦不得而煨烬之矣。大雅君子，幸而教之。